Martina Junge
Wolfgang H. C. Junge

VERKAUFEN MIT OFFENEN OHREN

Verhandlungserfolge durch aktives Zuhören

GABLER

Die Deutsche Bibliothek – CIP-Einheitsaufnahme

Junge, Martina:
Verkaufen mit offenen Ohren : Verhandlungserfolge durch aktives Zuhören / Martina Junge; Wolfgang H. C. Junge. –
Wiesbaden : Gabler, 1995
ISBN 3-409-19634-X
NE: Junge, Wolfgang H.C.

Der Gabler Verlag ist ein Unternehmen der Bertelsmann Fachinformation.

Lektorat: Manuela Eckstein

Umschlaggestaltung: Schrimpf und Partner, Wiesbaden
Satz und Layout: Doris Schüller, Erfurt
Der Satz und die Grafiken wurden unter Verwendung von CorelDRAW 4.0 und den Corel-Clipart-Bildern erstellt.
Druck und Bindung: Wilhelm & Adam, Heusenstamm
Printed in Germany

ISBN 3-409-19634-X

Martina Junge/Wolfgang H. C. Junge

Verkaufen mit offenen Ohren

**Dieses Buch ist Christian Görtz gewidmet,
der uns als EKS-Berater und Coach
immer wieder Mut zu diesem Projekt machte.**

Vorwort

In einer Kleinanzeige wird geworben:

> **Brauchen Sie einen geduldigen Zuhörer?**
> Ich stehe Ihnen gern zur Verfügung.
> (25,-/Std.) ✉40978

Tatsächlich scheint die Kunst des Zuhörens immer seltener zu werden. Dafür sorgen nicht zuletzt die zunehmende Technisierung, die Steigerung des Arbeitstempos, die Hektik der Zeit und der wachsende Leistungsdruck.

Zuhören wird heute zumeist vor dem Kommunikationsmedium Fernseher geprobt. Das heißt, beim Fernsehen wird in den meisten Familien beharrlich geschwiegen. Von einem aktiven Zuhören kann dabei allerdings kaum die Rede sein.

Ein guter Zuhörer ist oft wichtiger als ein guter Redner. Jeder Mensch hat das Bedürfnis, verstanden zu werden. Wenn Menschen miteinander reden, dann geschieht es häufig, daß sie zueinander reden, ohne einander zuzuhören. Um zuzuhören, ist jeder zu sehr mit sich selbst beschäftigt.

Solch ein Gespräch läuft dann so ab:

A: „Ich brauche mal wieder Urlaub."
B: „Wem sagst Du das, wir waren auch schon seit zwei Jahren nicht mehr richtig verreist."
A: „Ich möchte mal wieder morgens ..."
B: „Kannst Du dir vorstellen, ich habe zu meinem Mann schon gesagt ..."

Viele reden von sich und hören dem anderen nicht zu. Zuhören heißt dann nur noch: hinnehmen, daß der andere auch mal was sagt. Im einander Zuhören drückt sich das Wesen zwischenmenschlicher Beziehungen aus. Es ist an der Zeit, nicht nur die

Technik zu perfektionieren, sondern auch unsere Beziehungen untereinander zu verbessern. Dieses Buch hilft dem interessierten Leser, ein noch besserer Zuhörer zu werden, indem es

- das Thema kompakt und übersichtlich darstellt,
- viele Übungen enthält,
- auch beim späteren Nachschlagen einen schnellen Zugriff ermöglicht,
- dadurch ein handhabbares Hilfsmittel zur praktischen Umsetzung ist und
- Spaß beim Lesen erzeugt.

Aber welchen Gewinn in Mark und Pfennig haben Sie, wenn Sie dieses Buch kaufen und lesen? Wer als Verkäufer oder Berater glaubt, daß nach dem Lesen dieses Buches sein Umsatz um 20, 30 oder gar 40 Prozent steigt, der irrt. Wer dieses Buch allerdings als Anleitung zum Handeln versteht und tatsächlich seine Zuhörfähigkeiten weiterentwickelt, hat schon sehr bald mehr Freude an seiner Tätigkeit. Zufriedene Kunden werden zu wahren Freunden, und steigender Umsatz ist nur die logische Folge in dieser Kette. Führende Manager dieser Welt verstehen sich auf die Kunst des Zuhörens. Dabei geht es ihnen um mehr als nur darum, Informationen zu bekommen. Sie erleben, daß Zuhören ihre Wirksamkeit als Manager verbessert.

Dort wo Zuhören Bestandteil der Unternehmensphilosophie ist, „kann der Effekt wirklich guten Zuhörens dramatisch sein. Dieser Effekt beinhaltet:

den zufriedenen Kunden, der wiederkommt,	den Mitarbeiter, der zum Unternehmen steht,	den Manager, der Vertrauen zu seinem Personal hat,	den Verkäufer, dessen Umsatz steigt.

Gute Zuhörer werden von den Menschen, mit denen sie arbeiten, hoch geschätzt." (Di Gaetani)

Dieses Buch ist ein Buch zum Lesen, und es ist ebenso ein Buch zum Benutzen. Alles, was Sie jetzt noch brauchen, ist:

- einen Textmarker,
- einen Bleistift,
- eventuell Ihr Erfolgstagebuch (oder Ihren Timer),
- den guten Vorsatz, die Übungen tatsächlich durchzuführen,
- etwas Zeit und ein ruhiges Plätzchen.

Nun treten Sie ein in die Welt des Zuhörens. Sie erleben,

- welchen ganz persönlichen Nutzen Sie aus einer Verbesserung Ihrer Zuhörfähigkeit ziehen können (Millionengewinne durch gutes Zuhören);
- was Sie tun können, um Ihr Zuhörverhalten dramatisch zu verbessern (Effektives Zuhören, 7 Tips);
- was Ihnen Ihr Gesprächspartner über sich erzählt (Das Vier-Ohren-Modell, Die fünf Wahrnehmungskanäle, Sprache und innere Modelle);
- mit welchen Techniken Sie Ihren Gesprächspartner öffnen können (Spielregeln für aktives Zuhören) und was ihn hindert, sich zu öffnen (Zuhörbarrieren).

Das Symbol → ›Ü‹
signalisiert eine Übung, damit Sie selbst aktiv werden können, denn:
Wissen allein genügt nicht – man muß es auch tun!

Beispiele, die durch → ›B‹
gekennzeichnet sind, helfen Ihnen, sich ein klareres Bild von den theoretischen Zusammenhängen zu machen.

Und geflügelte Worte →
ergänzen das Thema.

Die gewählte graphische Gestaltung hilft Ihnen, auch beim späteren Durchblättern bestimmte, für Sie besonders wichtige und interessante Informationen schnell wiederzufinden. Denn unser Gehirn kann sich eine Information, die an ein bestimmtes Bild – hier das Layout – gekoppelt ist, leichter merken.

Unser besonderer Dank gilt Doris Schüller, die mit vielen guten Ideen das Layout zu diesem Buch gestaltete. Manuela Eckstein stand uns mit ihren Erfahrungen als Lektorin hilfreich zur Seite. Steffen Werner war immer zur Stelle, wenn es Kommunikationsprobleme mit der Technik gab.

Inhaltsverzeichnis

Millionengewinne durch gutes Zuhören

Materieller Gewinn

Die meisten Menschen sind ineffektive Zuhörer. Und das kann außerordentlich teuer werden. Schon die kleinsten alltäglichen Zuhörfehler können sich in einer Volkswirtschaft zu Millionenverlusten summieren.

Kundin: „Ich möchte im März nach Israel, eine Woche Rundreise und zwei Wochen Badeurlaub."

Expedient: „Da schaue ich doch gleich mal nach, was noch frei ist. Sie haben Glück, zwei Flugplätze sind gerade noch frei. Oh, aber die Rundreise ist bereits bis zum 24. März ausgebucht, das tut mir leid. Können Sie nicht vielleicht zwei Wochen später fliegen?"

Kundin: „Nein, ich habe so Urlaub, ich kann daran nichts mehr ändern. Na, schönen Dank." (Kundin geht enttäuscht.)

›B‹

Aufträge kommen gar nicht erst zustande

Das kann nicht wahr sein, sagen Sie?

Die Kundin hat es auch nicht glauben wollen. Israel war ihr Traum. Sie versuchte es noch einmal in einem anderen Reisebüro. Dort hat sie genau zur gewünschten Zeit ihre Traumreise gebucht, mit einer Rundreise in der letzten Urlaubswoche. Hat die Kundin denn mit irgendeinem Wort festgelegt, ob sie erst baden oder erst herumreisen will? Somit hat das „Zufalls"-Reisebüro eine neue Stammkundin. (Möglicherweise hat die Kundin einen recht großen Verwandten- und Bekanntenkreis.)

›B‹

Reklamationen entstehen

Kunde: „Ich möchte acht Tage verreisen, aber nicht zu weit. Jedoch will ich auf jeden Fall besseres Wetter als hier und baden."

Expedient: „Na, da bieten sich doch die Kanarischen Inseln geradezu an."

Kunde: „Ja, und wandern möchte ich auch gern."

Expedient: „Da habe ich für Sie ein prima Angebot in einem Drei-Sterne-Hotel inklusive Halbpension auf der Insel Fuerteventura. Die Temperaturen liegen dort zur Zeit um die 25 °C, Baden ist also kein Problem."

Dem Kunden gefällt der Preis, die Flugzeit ist ihm kurz genug, das Wetter ist schön – er bucht diese Reise. Der Expedient ist mit sich zufrieden, denn er hat noch sehr viele Vakanzen für Fuerteventura.

Gleich nach seiner Reise kommt dieser Kunde wieder in das Reisebüro und beschwert sich. Sie können sich sicherlich längst denken worüber: Genau! Er beschwert sich über die Landschaft auf Fuerteventura. Nun kann der Expedient wirklich nichts für die Umgebung auf dieser Insel. Oder doch? Der Kunde wollte in seinem Urlaub auch wandern gehen – und so hat der Verkäufer die Steinwüste doch zu verantworten. Seine Vorstellungen, die noch freien Plätze an badehungrige Kurzurlauber zu verkaufen, projizierte er auf diesen Kunden.

Somit registrierte der Expedient nicht mehr bewußt den Kundenwunsch nach Wanderungen. Das konnte er auch nicht, denn dieser Wunsch paßte schließlich nicht in seine Vorstellungswelt.

>B<

Kostbare Zeit geht verloren

Ein Kunde hat zwei TUI-Servicekarten. Eine davon ist ungültig, wie ihm gleich nach Erhalt die Servicezentrale mitteilt. Umgehend erhält er eine neue, gültige, mit der Bitte, die erste Karte zu vernichten. Der Kunde versäumt letzteres und kann nun die beiden identischen Karten nicht mehr voneinander unterscheiden. Hilfesuchend geht er in ein Reisebüro, es fällt ihm schwer, sich deutlich zu machen:

Kunde: „Ich habe hier zwei Servicekarten, und ich weiß nicht, was ich nun damit machen soll."

Expedient: „Sie können damit zum Beispiel in Ihrem Urlaubsgebiet Ausflüge bezahlen ..."

Kunde: „Ja, aber ich denke, das kann ich nur mit der einen?"

Expedient: „Im Prinzip reicht es auch, wenn Sie nur eine haben. Die zweite gehört wohl Ihrer Frau?"

Kunde: „Nein, aber können Sie das nicht regeln mit der Karte?"

Der Expedient sucht ein Antragsformular heraus, bittet den Kunden um verschiedene Daten und macht ihn darauf aufmerksam, daß die Kosten von zehn Mark von seinem Konto abgebucht werden.

Kunde: „Aber ich habe doch schon zehn Mark bezahlt für die Karte!"

Gut 20 Minuten hat es die beiden Zeit und Nerven gekostet, bis klar war, womit der Kunde ein Problem hat.

B

Unnötige Rückfragen produzieren hohe Telefonkosten

Kunde: „Wir würden gern über Ostern eine von Ihren günstigen Busreisen nach Venedig mitmachen."

Expedient: „Sie möchten zu zweit reisen?"

Kunde: „Ja, meine Frau und ich."

Der Expedient bucht telefonisch die gewünschte Busreise bei dem Veranstalter ein und wendet sich dann dem Ehepaar wieder zu.

Expedient: „Sie haben die Plätze Nummer 87 und 88 im oberen Teil des Busses, dort haben Sie auch gleichzeitig eine prima Aussicht."

Kunde: „Oh, da oben wird mir garantiert schlecht, ich kann dort auf keinen Fall sitzen, bitte besorgen Sie mir unten einen Platz."

Der Expedient telefoniert erneut mit dem Reiseveranstalter und bittet ihn, die eben bestellten Plätze nach unten zu verlegen.

Kunde: „Aber meinen Platz haben Sie doch oben belassen, nicht wahr?" So fragt die besorgte Ehefrau. „Ich will auf jeden Fall oben sitzen, schon wegen der guten Aussicht."

Expedient: „Nein, ich habe beide Plätze nach unten verlegen lassen. Ich dachte, sie wollten zusammen sitzen."

Natürlich ruft der Expedient in seiner unerschöpflichen Geduld erneut bei dem Veranstalter an, um den einen Platz wieder umzubuchen.

Kunde: „Ich möchte für den 15. Juli einen Flug buchen von Frankfurt nach Denpasar über Jakarta mit der Singapur Airline, möglichst preiswert."

Expedient: (schaut in den Computer) „Leider ist an diesem Tag die Economy Class ausgebucht. Würden Sie für den gleichen Preis auch eine andere Airline nehmen?"

Kunde: „Wenn es bei dem Preis bleibt, ist es mir recht."

›B‹

Mißverstandene Zusagen werden aus Kulanz eingehalten

Die bemühte Expedientin hat eine Idee. Rasch ruft sie einen Consolidator an, um ein Graumarktticket zu erwerben. Der sagt ihr: „Ja, kein Problem, die Balkan-Airline fliegt für den gleichen Preis nach Jakarta, der Kunde hat aber sofort Anschluß nach Denpasar, das können wir gleich auf einem Ticket ausstellen." Die Expedientin bucht diesen Flug und teilt ihrem Kunden mit, daß er in Jakarta umsteigen müsse, was der Kunde gern verschmerzt.

Alle sind zufrieden. Der Kunde bekommt eine schriftliche Zusage für einen Flug nach Denpasar zu dem vorab vereinbarten Preis. Erst mit Erhalt des Tickets stellt die Expedientin fest, daß die gebuchte Airline nur bis Jakarta fliegt. Der Weiterflug bis Denpasar wird von einer anderen Gesellschaft übernommen. Wer zahlt jetzt die Differenz für den verbleibenden Anschlußflug?

›B‹

Lieferungen gehen zurück

„Ich hätte gern das Handy aus Ihrem Katalog, Seite acht, rechts unten." Der Verkäufer schaut in den Katalog, gibt die Bestellnummer in den Computer ein, die auf Seite acht rechts unten steht, reicht mir den elektronischen Ausdruck zur Unterschrift und löst die Bestellung „On-Line" aus. „Das ist also jetzt dieses Handy rechts unten", will ich bestätigt wissen. „Nein, das ist das Handy, das links oben abgebildet ist mit der Bestellnummer, die rechts unten steht."

„Ich möchte aber das Handy, das rechts unten abgebildet ist." „Dann muß ich eine weitere Bestellung für Sie auslösen. Das andere Handy wird Ihnen allerdings auch zugeschickt. Verweigern Sie einfach die Annahme, so geht die Ware automatisch auf unsere Kosten zurück."

Sie kennen vermutlich unzählige ähnliche Beispiele. Wieviel Prozent Ihrer Kunden sind Stammkunden? Wieviel Kunden kaufen heute bei Ihnen und das nächste Mal bei einem anderen? Diese wechselnden Kunden zu binden, darin liegt Ihre Chance. Denn: Der Kunde will wiederkommen, wenn er endlich den Verkäufer und Berater gefunden hat, der ihn so berät, daß er sich unkompliziert verstanden fühlt und somit seine Wünsche erfüllen kann. Und da noch so viele Kunden auf der Suche sind, steht der Markt für alle offen, die ihre kommunikativen Fähigkeiten weiterentwickeln.

Allein solche „kleinen" alltäglichen Zuhörfehler zu vermeiden bedeutet bereits Millionengewinne für die Volkswirtschaft.

Wer zuhört, kann verstehen. Wer versteht, kann gut und fair beraten, verkaufen, verhandeln und motivieren.

Oder kennen Sie das:

Der Kunde kommt, läßt sich Kataloge und Informationsmaterial geben, geht und wird nimmermehr gesehen.

Sie gehen zum Kunden, er läßt sich beraten, will nochmal überlegen, Sie gehen und machen nie einen Abschluß.

Haben wir uns unsere Kunden nicht selbst so erzogen? Wieviel Zeit haben Sie schon in Beratungen investiert, und diese Kunden haben nie etwas bei Ihnen gekauft? Sie stellen sich jetzt die Frage: Was will denn der König Kunde noch? Genau an diesem Punkt wird es interessant. Der Kunde hat Ihnen erzählt, was er angeblich gerne tut, hätte oder wüßte.

»» Was haben Sie wahrgenommen? ««

- Hörten Sie, daß er noch niemals eine so weite Reise unternommen hat?
- Hörten Sie, daß er bei dem geplanten Vorhaben seine gesamten Ersparnisse einsetzt?
- Sahen Sie, daß er sehr aufgeregt war?
- Sahen Sie, wie sich sein Körper entspannte, als Sie mit ihm gemeinsam über eine finanzierbare Variante nachdachten?
- Spürten Sie seine Kontaktangst?
- Fühlten Sie seine Unentschlossenheit?

Wir können etwa 100 Worte in der Minute sprechen, aber 500 Worte pro Minute denken. Passiert es Ihnen hin und wieder, daß Sie ganz andere Gedanken beschäftigen, während Ihr Gegenüber spricht? Zuhörfehler bei den ersten 100 Worten kosten zumeist „nur" Geld, oft viel Geld. Es sind die sogenannten Mißverständnisse, die entstehen. Auch Sie können davon vermutlich eine lange Liste machen.

Allein wenn Sie alle 100 Worte voll inhaltlich erfassen, sind Sie bereits ein gutes Stück weiter.

Zuhörfehler bei den restlichen 400 Worten sind weniger direkt meßbar. Oder doch? Dieses Manko kostet Sie Kunden, die eben einfach nicht wiederkommen.

>B<

Gutes Zuhören erhält gute Kunden

Montag vormittag ruft ein Kunde, bekannt für seinen stetigen Umsatz, im Reisebüro an und bittet um ein Reiseangebot nach Schottland. Er fügt noch hinzu, daß ihn dabei insbesondere das Angeln und der Whisky interessieren. „Es hat bis Ende der Woche Zeit. Sie können es mir zufaxen, oder ich würde es auch im Reisebüro abholen", läßt er den Expedienten wissen. Zwei Wochen vergehen, es passiert nichts. Inzwischen bucht der Kunde eine dreiwöchige Reise in einem anderen Büro. In seinem (bis dahin) „Stammbüro" ruft er danach an und fragt nach seinem Angebot. Die Antwort ist schlicht und ergreifend: „Ich dachte, Sie würden sich die Sachen abholen, waren wir nicht so verblieben?" Selbstverständlich wollte der Kunde das Angebot zugefaxt haben oder mindestens angerufen werden. Hätte das der Expedient heraushören können? Dieser „Lapsus" kostete einen Stammkunden. (Hoffentlich hat er keinen allzu großen Verwandten- und Bekanntenkreis!)

Warum sollten Sie eine so gigantische Kapazität von vier mal 100 Worten in einer einzigen Minute verschenken! Die Nutzung dieser Ressource ist ganz simpel: Setzen Sie in dieser Zeit alle Ihre Möglichkeiten ein, um mehr von Ihrem Kunden zu erfahren, als nur das, was er mit Worten sagt. Gemeint ist ein Zuhören nicht nur mit den Ohren, sondern genauso mit den Augen und dem Herz.

In zahlreichen Verkaufsseminaren haben Sie die Eisbergtheorie kennengelernt und gehört, daß die wahren Bedürfnisse und Motive Ihres Kunden im „Geheimen" schlummern. Tatsächlich hören wir die Kaufwünsche, ob bei der Beratung am Counter, ob am Telefon oder beim Kundenbesuch, oft nicht richtig heraus.

Millionengewinne durch gutes Zuhören

Zuhören, die Kommunikationsform, die Sie gerade in Ihrer Tätigkeit am meisten brauchen, wo haben Sie das gelernt? Wer hat Ihnen gezeigt, wie das geht? Wo gehen Sie hin, um es zu üben? Mit wem tauschen Sie Ihre „Zuhörerfahrungen" aus?

Sollten wir Zuhören trainieren? Wir hören doch zu, seitdem wir Baby waren. Genaugenommen haben wir bereits vor der Geburt begonnen zuzuhören, nämlich als Fötus vom sechsten Monat an. Zuhören ist damit die ursprüngliche Form der sprachlichen Kommunikation. Sprechen lernen wir durch Imitation des Gehörten. Später kommen Lesen und Schreiben hinzu. Der Konzern Sperry Corporation hat ermittelt, daß wir ungefähr 80 Prozent unseres Arbeitstages mit Kommunikation verbringen und davon wiederum 45 Prozent allein mit Zuhören.

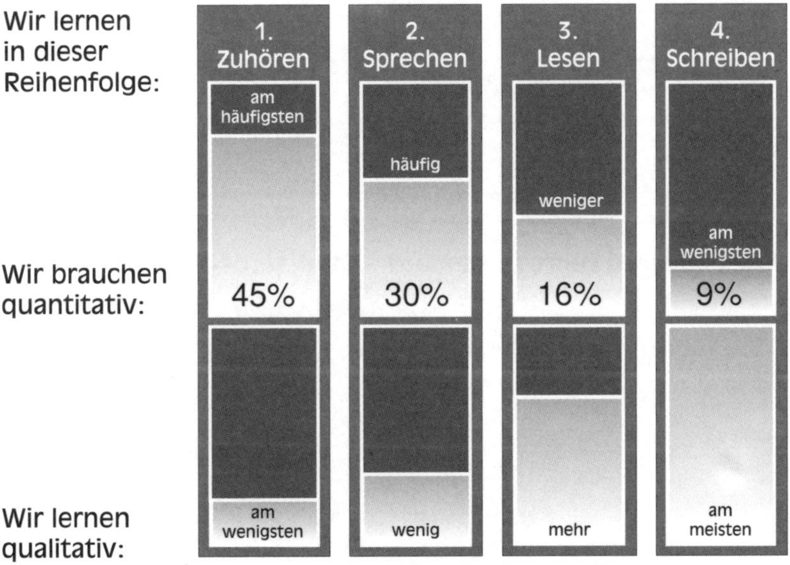

Wenn Verkäufer, Berater und Führungskräfte 45 Prozent von 80 Prozent ihrer Arbeitszeit zuhören, dann heißt das, daß sie 36 Prozent ihres Einkommens allein mit Zuhören verdienen. Bei einem angenommenen Jahreseinkommen von 100 000 Mark sind das 36 000 Mark allein für Zuhören.

>Ü<

Notieren Sie doch gleich einmal für sich:
Wieviel Prozent Ihrer Zeit verbringen Sie durchschnittlich in der Woche mit Zuhören?

[%]

Berechnen Sie den Anteil Ihres Jahreseinkommens, den Sie für Zuhören bekommen.

[DM]

Welche sind die zwei für Sie wichtigsten Situationen, in denen Sie zuhören? Welche negativen Konsequenzen ergeben sich für Sie, wenn Sie in diesen Situationen nicht genug zuhören? Welche positiven Konsequenzen könnte besseres Zuhören für Sie bedeuten?

Situation	negative Konsequenzen	positive Konsequenzen
1. ______	______	______
______	______	______
______	______	______
2. ______	______	______
______	______	______
______	______	______

Gutes Zuhören führt zu besseren Arbeitsergebnissen:

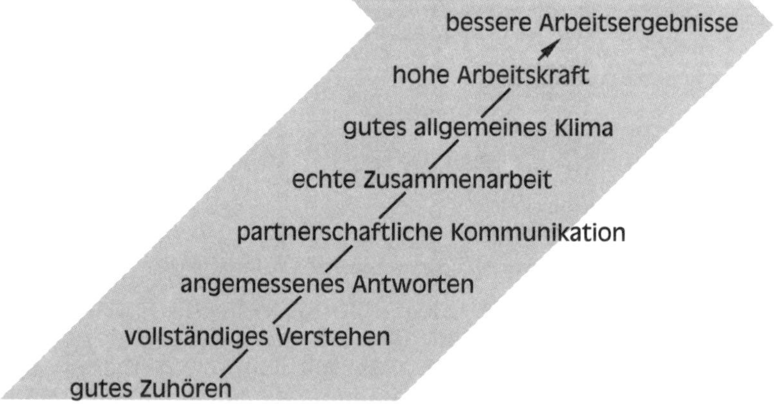

Es lohnt sich, gut zuzuhören!

Durchschnittlich hören wir täglich so viel, daß wir ein ganzes Buch damit füllen könnten. Um ein Buch zu sprechen, brauchen wir eine Woche, wir lesen ein Buch pro Monat und schreiben ein Buch pro Jahr.

Lesen und Schreiben haben wir in der Schule recht ausführlich gelernt. Reden haben wir allerdings – außer bei mündlichen Leistungskontrollen – kaum trainiert. Wie groß unser Nachholbedarf im professionellen Sprechen ist, haben wir erst im Beruf in Rhetorik-Seminaren erkannt.

Und wie ist das mit professionellem Zuhören? Haben wir Zuhören in der Schule genügend geübt? Immer hieß es: „Hört richtig zu!" Aber bedeuten Konzentration und Aufmerksamkeit bereits richtiges Zuhören?

So wie gutes Autofahren mehr ist, als durch Konzentration und Aufmerksamkeit Unfälle zu vermeiden, so ist gutes Zuhören mehr als nur mitzubekommen, was gesagt wurde, und eventuell noch den Unterton zu bewerten.

Zuhören läßt sich mit Rhetorik vergleichen: Wir haben von Kind an sprechen gelernt, beherrschen eventuell sogar mehrere Fremdsprachen. Um aber zum Beispiel vor einer Gruppe wirkungsvoll vorzutragen, dazu brauchen wir zusätzlich eine direkte, auf den Punkt gebrachte, systematische Ausbildung.

Jeder von uns hat sein spezielles Zuhörverhalten. Doch der eine baut zumeist Brücken zum Gesprächspartner und der andere eher Barrieren. Im Training gilt es nun zu erkennen, welches die Brücken sind, um sie beizubehalten und gegebenenfalls bewußt auszubauen. Und Barrieren werden durch Brücken ersetzt.

Das Zuhören in der zwischenmenschlichen Kommunikation ist die eine Seite. Die technische Entwicklung der letzten Jahre und Jahrzehnte hat noch ein anderes Zuhören immer bedeutender werden lassen. Immer mehr Zeit verbringen wir mit einseitigem Zuhören vor Radio, Fernseher, im Kino, mit CD, Walkman, Video- und Kassettenrecorder. Interessanterweise hat diese Entwicklung das allgemeine Zuhörverhalten so verändert, daß wir aus der Fülle der angebotenen Informationen prozentual immer weniger bewußt wahrnehmen. Immer mehr wird uns unbewußt suggeriert, was unsere Werte zu sein haben: welche Produkte „man" kauft, welchen Anzug „man" trägt, was „man" von den Dingen zu halten hat, wie „man" denkt, was jetzt „in" ist ... Ein Werbefachmann erklärte mir, daß diejenigen seine besten Kunden seien, die felsenfest behaupten, daß Werbung sie überhaupt nicht beeinflussen könne, auch wenn sie täglich stundenlang über den Fernseher flimmert. Er meinte, Menschen, die das behaupten, seien bereits so gut konditioniert, daß sie es noch nicht einmal mehr merken. Durch Training der Zuhörfertigkeiten vergrößern wir automatisch unsere Wahrnehmungsbreite und verkleinern damit die Gefahr, durch Fremdbeeinflussung manipuliert zu werden.

In den USA hat man diesen Prozeß bereits in den 70er Jahren erkannt. 1978 wurde für die Schulen neben Sprechen, Rechnen, Lesen und Schreiben auch Zuhören als Basisfähigkeit definiert. Zwölf Jahre später, 1990, hatten sich bereits 23 Bundesstaaten damit identifiziert und entsprechendes Lehrmaterial entwickelt.

Zumindest im Punkt der Beeinflussung durch akustische Medien dürften wir in Europa heute weiter sein als Amerika in den Siebzigern.

Eine andere amerikanische Studie aus dem Jahr 1992 stellt fest, daß Zuhören die grundlegende Kommunikationsfertigkeit ist

- für den Antritt einer neuen Stellung,
- um Prioritäten setzen zu können,
- um Karriere zu machen,
- um erfolgreich zu organisieren.

Interessanterweise kommt die gleiche Studie zu dem Ergebnis, daß Zuhören die Persönlichkeitseigenschaft ist, die

- am wenigsten entwickelt ist und
- es am meisten nötig hat, trainiert zu werden.

Millionengewinne durch gutes Zuhören

Ideeller Gewinn

Mangelhafte Kommunikation baut Barrieren auf, und die Zusammenarbeit leidet. Aktives Zuhören schafft eine persönliche Beziehung aus Vertrauen und Sympathie. Wir lernen wieder, uns auf unseren Gesprächspartner zu konzentrieren, Nervosität, Besserwisserei und Vorurteile abzubauen. So können Mißverständnisse und Voreingenommenheit verringert werden.

Durch aktives Zuhören gelangen wir zu wichtigen Insider-Informationen über persönliche Meinungen, Ansichten und Überzeugungen bis hin zu recht intimen Details über unsere Gesprächspartner. Der Gesprächspartner wird als Mensch erkannt mit all seinen Hoffnungen, Träumen, Wünschen, Sehnsüchten.

Das Verlangen nach Lob, Anerkennung, Zuwendung und Beachtung, wobei ihm jemand zuhört und ihn versteht, ist Grundbedürfnis eines jeden Menschen. So ist auch eine hohe Fluktuation am Arbeitsplatz eher eine Sache des schlechten Klimas und weniger des Geldes. Es kommt darauf an, daß wir uns wohl fühlen. Das heißt, daß es uns letztlich auf unsere Gefühle ankommt.

Andererseits leben wir in einer Welt, in der wir uns ständig unter Kontrolle zu halten haben:

Zu herzhaftes Lachen gehört sich nicht.	Nur Schwächlinge weinen.	Wer Ängste zeigt, wird als Angsthase verspottet.	Wutausbrüche sind sozial nicht akzeptabel.

Wir haben die Erfahrung gemacht, daß es besser ist, sich zu verschließen, Gefühle zu verbergen, zu verdrängen, sie runterzuschlucken und wie Maschinen zu funktionieren.

Und weil das nicht so einfach geht, da die Gefühle schließlich eine zentrale Rolle in unserem Leben spielen, geben wir Deutschen jährlich Milliarden aus, um Gefühle abzudämpfen oder gar zu töten: für Nikotin, Alkohol, Schmerz-, Beruhigungs-, Schlaf- und Aufputschmittel. Die aufgestauten, heruntergeschluckten und nicht verdauten Gefühle liegen uns oft so schwer im Magen, daß sie Magenbeschwerden und Übelkeit verursachen. Sie bereiten uns Kopfschmerzen und Unbehagen ganz allgemein. Nicht selten führen sie zu Herz- und Kreislauferkrankungen, und der Herzinfarkt ist auch ein Signal für ein „gebrochenes Herz".

Aktives Zuhören trägt wesentlich zur psychischen Gesundheit bei, indem es Ihrem Gesprächspartner signalisiert, daß Sie ihn mit all seiner Befindlichkeit bedingungslos annehmen, ihn mit seinen Gefühlen akzeptieren.

Gute Gründe, ein besserer Zuhörer zu werden

>Ü<

Nachfolgend finden Sie Gründe, warum es sinnvoll ist, ein besserer Zuhörer zu werden.

Markieren Sie die für Sie wichtigen Gründe.

Ich möchte meine Zuhörfähigkeiten verbessern, um

- [ ] ein guter Unterhalter zu sein
- [ ] eine bestimmte Situation besser zu verstehen
- [ ] höflich zu sein
- [ ] Fehlern vorzubeugen
- [ ] ein guter Mitarbeiter zu sein
- [ ] mehr Vertrauen zu erhalten
- [ ] effektiver zu verhandeln
- [ ] von anderen wertgeschätzt und anerkannt zu sein
- [ ] mehr Geld zu verdienen
- [ ] andere besser einschätzen zu können
- [ ] die Absicht meines Gesprächspartners zu erkennen
- [ ] beliebt zu sein
- [ ] Probleme lösen zu helfen
- [ ] nicht in Verlegenheit gebracht zu werden
- [ ] Zeit zu sparen
- [ ] angemessen zu reagieren
- [ ] meine Konzentration zu verbessern
- [ ] ein besseres Familienmitglied zu sein
- [ ] Konflikte bei Meinungsverschiedenheiten zu vermeiden
- [ ] flexibel in der eigenen Einstellung zu bleiben
- [ ] meine Persönlichkeit zu bereichern
- [ ] mein Selbstverständnis und das Verständnis für andere zu verbessern
- [ ] meine Wahrnehmungsbreite zu vergrößern

Welche Gründe finden Sie noch?

- [ ] ______________________
- [ ] ______________________
- [ ] ______________________
- [ ] ______________________

>Ü< Wie gut hören Sie zu?

Bevor Sie dieses Buch weiter durcharbeiten, testen Sie sich, wie gut Sie bisher zuhören. In ein paar Wochen sollten Sie diesen Test wiederholen. So können Sie feststellen, wie sich Ihre Zuhörfähigkeit verbessert.

Kreuzen Sie an und sammeln Sie Punkte:

	fast nie	selten	oft	immer
1. Ich rede zuviel und gebe meinen Gesprächspartnern zuwenig Anreize, sich auszusprechen, meine Argumente gedanklich zu verarbeiten und sich mir zu öffnen.	3	2	1	0
2. Nach einem Gespräch muß ich feststellen, daß ich andauernd geredet habe und vom anderen kaum etwas erfahren habe.	3	2	1	0
3. Während mein Gesprächspartner spricht, bewerte ich das Gesagte mit „gut" oder „falsch" und versetze mich zuwenig in seine Gefühls- und Gedankenwelt.	3	2	1	0
4. Nach ein paar Sätzen höre ich meinem Gesprächspartner mit weniger Aufmerksamkeit zu. Schließlich habe ich schon verstanden, was er sagen will, und überlege schon meine nächsten Argumente.	3	2	1	0

	fast nie	selten	oft	immer
5. Ich lasse mich von Äußerlichkeiten ablenken: Körper- und Mundgeruch, Kleidung, ungepflegte Hände u.ä.	3	2	1	0
6. Ich kann nicht ruhig bleiben, wenn mein Gesprächspartner Ansichten äußert, die meiner Meinung zuwiderlaufen. Ich prüfe dann diese konträre Meinung nicht nach einem eventuell richtigen Kern.	3	2	1	0
7. Ich schweife mit meinen Gedanken ab, wenn mein Gesprächspartner ständig die gleichen Argumente wiederholt, wenn er monoton und hastig spricht.	3	2	1	0
8. Ich suche Anknüpfungspunkte an die Worte des anderen, um in seinen Redeschwall mal einhaken zu können.	3	2	1	0
9. Wenn ich anfange zu sprechen, muß ich die Stimme kräftiger einsetzen, um mich zu behaupten, sonst komme ich nie zu Wort.	3	2	1	0
10. Ich ertappe mich dabei, daß ich mit meinen Gedanken abschweife, während der andere spricht.	3	2	1	0
11. Ich versuche, wenn mein Gesprächspartner Zweifel hat, diese durch logische Argumente oder gutes Zureden zu zerstreuen.	3	2	1	0

	fast nie	selten	oft	immer
12. Ich versuche, meinen Gesprächspartner aufzuheitern, zu trösten, ihm Ratschläge zu geben oder Vorschläge zu machen, wenn er Probleme hat.	3	2	1	0
13. Ich führe zwecks Zeitersparnis Äußerungen eines langsamen und nachdenklichen Sprechers an seiner Stelle zu Ende.	3	2	1	0
14. Wenn gute Mitarbeiter mein Unternehmen verlassen, finde ich erst im nachhinein heraus, warum sie gegangen sind.	3	2	1	0
15. Den Problemen meiner Mitarbeiter gehe ich aus dem Weg in der Hoffnung, daß sie sich von selbst erledigen.	3	2	1	0

Ihre Gesamtpunktzahl: ☐

Auswertung:

40 bis 45 Punkte:

Sie besitzen außergewöhnlich gute Zuhörfähigkeiten – oder sollten einmal einen Test mit einem Lügendetektor machen.

16 bis 39 Punkte:

Sie haben normales Zuhören gelernt und könnten jetzt zum Training des effektiven und aktiven Zuhörens übergehen.

0 bis 15 Punkte:

Wenn Sie jetzt intensiv effektives und aktives Zuhören trainieren, lernen Sie normales Zuhören automatisch bis zur Meisterschaft mit.

Was stört Sie an anderen? ›Ü‹

Kreuzen Sie an und sammeln Sie Punkte:

	fast nie	selten	oft	immer
Wenn ich ein Problem habe, finde ich niemanden, mit dem ich darüber sprechen kann.	3	2	1	0
Wenn ich mit jemanden rede, schaut er mich nicht an.	3	2	1	0
Der Gesprächspartner unterbricht mich mit: „Das erinnert mich an ..."	3	2	1	0
Ich bekomme Fragen gestellt, die mir zeigen, daß man mir nicht zugehört hat.	3	2	1	0
Andere bringen mich in die Defensive, wenn ich ihnen Fragen stelle.	3	2	1	0
Man führt meine Sätze zu Ende, wenn ich nicht gleich die richtigen Worte finde.	3	2	1	0
Ich habe das Gefühl, anderen die Zeit zu stehlen, wenn ich über meine Probleme rede.	3	2	1	0

Ihre Gesamtpunktzahl: ☐

Bei weniger als 14 Punkten wünschen Sie sich wahrscheinlich, daß auch andere ihre Zuhörfähigkeiten verbessern.

... Wir lernen ein hohes Maß an Unsinn. Aufgeweckte Leute lernen schnell die Kunst des Nicht-Zuhörens – oder nur auf diejenigen zu hören, von denen sie beeindruckt werden ... Manchmal sogar am meisten von ihrer eigenen Stimme ...

Dr. Goldmann, Xerox-Manager

Millionengewinne durch gutes Zuhören

Effektives Zuhören

Zuhören geschieht freiwillig

Ob wir bewußt zuhören, entscheidet ein jeder für sich allein. Hierbei ist der Begriff ZU-hören im Sinne von „zu jemanden HIN-hören" zu verstehen. Das zu betonen erscheint durchaus angebracht, denn nicht selten entsteht der Eindruck, daß das Zuhören etwas mit geschlossenen Ohren zu tun hätte. Diese Interpretation ist symptomatisch für die Welt, in der wir leben, die davon geprägt ist, daß wir einander nicht verstehen. In diesem Teufelskreis des Nicht-Verstehens und nicht Verstanden-Werdens ist es gang und gäbe, persönlichen Gedanken und Ansichten besonders viel Nachdruck zu verleihen.

Unzählige Dramen spielen sich ab, bei denen jedes Mittel recht ist, sich deutlich zu machen.

Eltern brüllen ihre Kinder an, Banden unterschiedlicher Interessen liefern sich Schlägereien, Völker führen Krieg. Dabei wissen wir im Grunde alle ganz genau: Was im „Kleinen" nicht funktioniert, kann auch im „Großen" nicht gehen. Oder, wie eine alte Weisheit sagt:

- Willst Du das Land in Ordnung bringen,
  mußt Du zuerst die Provinzen in Ordnung bringen.
- Willst Du die Provinzen in Ordnung bringen,
  mußt Du die Städte in Ordnung bringen.
- Willst Du die Städte in Ordnung bringen,
  mußt Du die Familien in Ordnung bringen.
- Willst Du die Familien in Ordnung bringen,
  mußt Du die eigene Familie in Ordnung bringen.
- Willst Du die eigene Familie in Ornung bringen,
  mußt Du Dich in Ordnung bringen.

Der Weg einer Botschaft

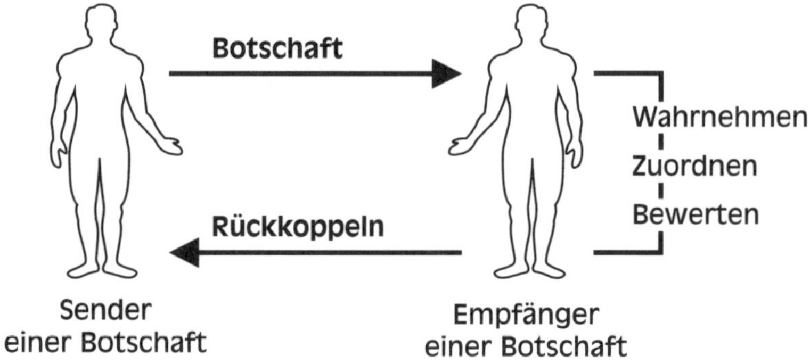

Effektives Zuhören bedeutet nacheinander

und das in wenigen Sekunden.

Es gilt, die Absicht des Sprechers zu verstehen. Die Absicht des Sprechers beeinflußt die Art und Weise, wie wir das wahrnehmen, was er sagt. Wenn die Kommunikation effektiv sein soll, müssen Sprecher und Zuhörer die gleichen Absichten verfolgen. Achten Sie ab jetzt einmal bewußt auf die Absichten, die ein Sprecher verfolgt:

- Will er wirken?
- Will er über etwas sprechen, was ihn bewegt?
- Will er Sie überreden?
- Will er informieren?
- Will er einfach nur plaudern?

Will beispielsweise Ihr Freund an einem geselligen Abend einfach mit Ihnen plaudern, dann ist es nicht angebracht, auf ein tiefschürfendes Gespräch hinzusteuern. Statt dessen werden Sie auf seine Gesprächsbedürfnisse eingehen und eventuell mit ihm gemeinsam ein guter Unterhalter für seine Frau sein.

Auf den meisten Ihrer Geschäftsmeetings sieht das etwas anders aus. Hier ist es sehr wohl notwendig, auf die genauen Inhalte, Zahlen, Fakten, Rechtslagen etc. zu hören und sie zu verstehen. Sie machen sich selbstverständlich Notizen und stellen klärende Fragen.

Wahrnehmen der Botschaft

Wahrnehmen ist der erste Schritt im Vorgang ZUHÖREN.

Wenn ich die Botschaft gar nicht wahrgenommen habe, ist jeder weitere Schritt überflüssig.

Die Information erreicht zunächst unser Kurzzeitgedächtnis. Nach wenigen Sekunden wird entschieden:

Löschen der Information	oder	**Abspeichern der Information**

Wir selbst wählen aus. Unser Interesse steuert unsere Aufmerksamkeit. Was uns nicht interessiert, das, wozu wir keine Affinität besitzen, wird ganz einfach wieder gelöscht.

Kongresse sind seltsam: Jemand spricht und sagt nichts, keiner hört zu und dann streiten alle.

Will Rogers

Stellen Sie sich vor, Sie haben gemeinsam mit Ihrem Mitarbeiter ein Kundengespräch für Dienstag, 16 Uhr, terminiert. Ihr Mitarbeiter ist neu und noch etwas unsicher, was ihn veranlaßt, bereits um 15 Uhr vor Ihrer Tür zu stehen, um Sie abzuholen. Er möchte sich mit Ihnen noch einmal über einige wichtige Eckpunkte des kommenden Gespräches unterhalten.

Sie gehen in den nahegelegenen Park, wo neben den lärmenden Kindern am Spielplatz noch eine Bank frei ist. Ihr Mitarbeiter ist wirklich sehr aufgeregt und nervös. Natürlich soll das niemand rings um ihn herum merken (ganz davon abgesehen, daß es auch niemanden interessiert!), und so gehen Sie gemeinsam mit gedämpfter Stimme Punkt für Punkt noch einmal durch. Sie führten eine für Sie beide sehr wichtige Unterhaltung und können sich im nachhinein noch sehr genau an Details erinnern.

Können Sie sich eventuell auch daran erinnern, was die lärmenden Kinder sich erzählten oder zuriefen? Wahrscheinlich mit keinem Wort. Das war nicht wichtig für Sie, es hat Sie überhaupt nicht interessiert. Was um Sie herum ablief, ist aus Ihrem Gedächtnis längst wieder gelöscht.

Ähnlich verhält es sich mit Informationen, die unser Gehirn nicht einordnen kann. Auch die werden wieder gelöscht. Es sei denn, sie sind so merkwürdig, daß sie schon wieder des Merkens würdig sind.

Wir hören besser zu,

- je wichtiger die Botschaft für uns ist,
- je mehr uns das Thema interessiert,
- je mehr Spaß wir grundsätzlich am Zuhören haben,
- je besser wir den Inhalt verstehen,
- je sympathischer uns der Sprecher ist.

Daraus ergeben sich zwei ganz einfache Wege, die Zuhörfähigkeit zu verbessern.

Interessieren Sie sich für den anderen!

Entwickeln Sie Spaß am Zuhören!

Das ist wirklich ganz leicht, denn wer zuhört, erweitert seinen geistigen Horizont. Themen, die bisher kaum bemerkenswert erschienen, werden auf einmal interessant.

Plötzlich werden Sie feststellen, daß Lernen wieder anfängt, Spaß zu machen.

Sie können es gar nicht mehr verhindern, Ihr Bewußtsein zu erweitern.

Unwillkürlich betreten Sie den Weg, der Sinnhaftigkeit des Menschseins näher zu kommen, nämlich die Welt und das Leben zu begreifen.

Wie gut kennen Sie Ihren Kunden?

>Ü<

- Wie sehr haben Sie sich bisher für Ihren Kunden interessiert?
- Was wissen Sie über ihn?
- Wie gut haben Sie ihm bisher zugehört?

Versuchen Sie, sich folgende Fragen über Ihren Kunden zu beantworten:

	Ihre Antwort:
• Wo würde er am liebsten Urlaub machen, wenn es seine finanzielle Situation zuließe?	______________
• Wenn er nach Belieben Haustiere halten könnte, welches würde er bevorzugen?	______________
• In welchem Kostüm würde er zu einem Maskenball erscheinen?	______________
• Welche Film- oder Fernsehrolle paßt am besten zu ihm?	______________
• Was für ein Auto würde er gern fahren?	______________
• Welches ist seine Lieblingssportart?	______________
• Welche Musik mag er?	______________
• Welche Fernsehsendungen bevorzugt er?	______________

Setzen Sie sich auf eine Bank in einer belebten Straße. Gehen Sie in ein Café oder in Ihr Lieblingsrestaurant. Vielleicht sitzen Sie auch öfter mal in einem vollen Wartezimmer oder an irgend einem anderen belebten Ort. Hören Sie dort zehn Minuten lang auf alle Geräusche:

- Was reden die Menschen um Sie herum?
- Welche Klänge hören Sie?
- Welch Art von Geräuschen nehmen Sie noch wahr?
- Woran erinnern Sie sich besonders?
- Wie aufmerksam hörten Sie auf die äußeren Geräusche?
- Hörten Sie vielleicht mehr Ihren eigenen Gedanken hinterher?

Anschließend wiederholen Sie diese Übung mit geschlossenen Augen (falls es die Situation erlaubt). Nun vergleichen Sie die beiden Ergebnisse miteinander. Sie werden feststellen, welche Rolle Ihre Augen beim Hören spielen.

Überprüfen Sie für sich:

	trifft zu	**teils/teils**	**trifft nicht zu**
Ich kann mich an die meisten Geräusche um mich herum genau erinnern.	☐	☐	☐
Besonders erinnere ich mich an			
• Wichtiges	☐	☐	☐
• Interessantes	☐	☐	☐
• Ungewöhnliches	☐	☐	☐
Ich ging häufig meinen inneren Dialogen nach.	☐	☐	☐
Ich kann besser zuhören, wenn ich sehe, wo die Geräusche herkommen.	☐	☐	☐

Zuordnen der Botschaft

Wie erfahren wir nun, was unser Gesprächspartner tatsächlich gemeint hat?

B

Am Ende eines Verkaufsgespräches verabschiedet sich Ihr Kunde von Ihnen mit den Worten: „Ich werde an Sie denken." Dann gibt er Ihnen die Hand, und Sie gehen auseinander.

Wie interpretieren Sie diesen Satz?
Was hat der Kunde gemeint?

- Er mag Sie.
- Ihm hat Ihr Angebot gefallen.
- Er hat Mitleid mit Ihnen.
- Er ist froh, daß Sie endlich gehen.
- Er wird Ihr Angebot für die Verhandlung mit dem Mitbewerber benutzen.

Finden Sie weitere Interpretationen!

- ______________________________
- ______________________________
- ______________________________
- ______________________________

Gute Zuhörer sind darauf bedacht zu verstehen, was der andere gemeint hat.

Worte

Welche Worte hat der andere gewählt? Es ist ohne Zweifel ein Unterschied, ob jemand Ihnen zuraunt: „Wenn ich in Dein Gesicht sehe, bleibt die Zeit stehen." Oder: „Du hast ein Gesicht, da bleiben glatt die Uhren stehen."

Begriffe

Klären Sie, ob Sie unter gleichen Begriffen Gleiches verstehen.

Grundaussage

Konzentrieren Sie sich auf das Wesentliche, die Grundaussage. Lassen Sie sich nicht von unwichtigen Details ablenken, die Sie eventuell anders sehen.

Betonung und Tonfall

Lesen Sie den folgenden Satz dreimal, wobei Sie bei jedem Mal ein anderes Wort betonen: „Lebe Dein Leben."

Körpersprache

Die Körpersprache des anderen erzählt uns, was er mit Worten nicht sagt (oder sagen will). Zur Interpretation sollten wir nicht nur unsere Ohren und Augen einsetzen, sondern auch auf unser Gefühl, unseren Geist und unsere Intuition hören.

Nachfragen

Stellen Sie sicher, daß Sie richtig verstanden haben. Fragen Sie: „Habe ich Sie richtig verstanden?" „Ich habe Sie so verstanden ... – Ist das richtig?" „Ich bin mir nicht sicher, ob ich Sie richtig verstanden habe. Können Sie mir das bitte näher erklären?"

Brille

Um den anderen zu verstehen, sollten wir unsere eigene „Brille" verstehen, durch die jeder seine Umwelt wahrnimmt. Unsere „Brille" besteht aus unserer eigenen Erwartung, den bisherigen Erfahrungen, unseren Gefühlen, unseren Annahmen, unserem Wortschatz und dem, was wir unter den einzelnen Worten verstehen. Mit all dem ergänzen wir das Gehörte.

Zuordnen von Werbung

Sie hören möglicherweise täglich eine Menge Werbung im Rundfunk, sehen sie im Fernsehen oder lesen sie in Zeitschriften. Die Post bringt Ihnen zusätzlich Werbemailings. Viele Menschen glauben, daß Werbung sie in keinster Weise beeinflussen kann. So kann es sein, daß jemand entschieden von sich behauptet: „Auf mich wirkt Werbung überhaupt nicht." Und zehn Minuten später schwärmt er: „Ich trinke nur Dallmeyer Prodomo." Erst wenn Sie an sich selbst spüren, wie raffiniert Werbung auf Sie wirken kann, wird Ihre Chance größer, sich ihrem Einfluß zu entziehen. Es lohnt sich also, die eine oder andere Werbung einmal genauer unter die Lupe zu nehmen.

› Die emotionale Zange

Eine besonders starke Kaufmotivation erfolgt, wenn Werbung uns zunächst unser schlechtes Gewissen bewußt macht, um dann durch die Anwendung eines bestimmten Produktes das schlechte Gewissen in gute Gefühle umzuwandeln.

Beispiel:

„Sind auch Sie für Ihr Körpergewicht 30 Zentimeter zu klein? Und soviel Sie auch essen, Sie wachsen einfach nicht mehr ... Sie haben schon zahllose Diäten hinter sich gebracht? Ein halbes Jahr nach einer Diät haben Sie jedes Mal zwei Pfund mehr gewogen als vorher? Jetzt gibt es endlich für Sie den Durchbruch! Mit ‚Lust auf Fit' erzielen Sie Ihr Idealgewicht, ohne auf das gewohnte Eßvergnügen verzichten zu müssen."

›Hinterfragen Sie den „Ursache - Wirkung - Mechanismus"

Das „Verursacherprinzip" wird gern in der Werbung verwendet.
Aussagen erheben den Anspruch, daß ein Ergebnis ausschließlich durch ein bestimmtes Produkt verursacht wird. Dabei wird keinesfalls in Erwägung gezogen, daß das Ergebnis auch anders erreicht werden könnte.

Beispiel:

„Von 100 weiblichen Testpersonen benutzten 50 Frauen über 30 Tage lang die ‚Im-Nu-Feuchtigkeitscreme' und sahen danach jünger aus als die anderen 50 Frauen."

› Das Knappheitsprinzip

Kurz gesagt: „Kaufen Sie etwas, bevor es alle ist!" Wenn Sie dadurch einen Kaufwunsch verspüren, fragen Sie sich: „Muß dieser Kauf jetzt unbedingt sein?" Sie werden erstaunt sein, wie oft Sie diese Frage verneinen können.

Beispiel:

„Nur 20 Ausgaben täglich signiert der Autor persönlich. Kaufen Sie sich rasch die komplette Jubiläumsausgabe mit dem großen Sparvorteil, solange der Vorrat reicht!"

›Das Autoritätsprinzip

Hier benutzt die Werbung die Autorität bekannter Persönlichkeiten, wie zum Beispiel Sportler oder Seriendarsteller aus dem Fernsehen, um Produkte zu verkaufen. Wenn Herr Unbekannt, der Hunde züchtet, Ihnen sagt, welches das beste Katzenfutter ist, kommen Ihnen vermutlich Zweifel. Er ist ja auch keine bekannte Persönlichkeit.

Beispiel:

„Ich heiße Judy Gymnast. Ich benutze die tiefenwirksame ‚Rotwarm-Salbe', die meinen verspannten Muskeln wunderbare Linderung spendet. Ich wette, daß sie auch Ihrer Muskulatur wärmende Entspannung bringt!"

Bewerten der Botschaft

Haben Sie schon einmal einen Ihrer Freunde oder Mitarbeiter gefragt, ob er Vorurteile gegenüber einer ganz bestimmten Sache oder einer Person hat?

„Oh nein, ich nicht!" So oder so ähnlich wird die Antwort im allgemeinen ausfallen, womit Sie bereits ein Vorurteil gehört haben. Wir alle sind voller Vorurteile. Der erste Schritt, weniger Vorurteile zu haben, besteht im Erkennen, durch wie viele man eigentlich geprägt ist.

Selbst ein Richter sagte mir unlängst, daß auch ein Gericht nicht unbedingt immer „Recht spricht", wie es seine Aufgabe sein sollte, sondern statt dessen häufig „ein Urteil fällt".

Wenn wir eine Information hören, geht sie zunächst durch den Filter unserer vergangenen Erfahrungen.

Nachrichtensprecher: „Die Partei Lila hat einen neuen Vorstoß in der Sache XY unternommen."

Und je nachdem, wie wir aus vergangenen Erfahrungen zur Partei Lila stehen, werden wir bereits nach diesem Satz mehr oder weniger bewußt bewerten:

„Das ist typisch, die natürlich wieder. Die stiften doch nur Unruhe."

Oder: „Toll, die lassen sich wenigstens etwas einfallen."

Im übrigen kann es auch sein, daß der Vorstoß der Partei Lila in der Sache XY tatsächlich nur beweist, daß die Partei Lila sich so verhält, wie es aus vergangenen Erfahrungen von ihr zu erwarten ist.

Wir haben damit den Vorstoß in der Sache XY vor-(be)urteilt, ohne ihn zu kennen. Genau mit dieser Haltung hören wir jetzt, was die Partei Lila in der Sache XY unternommen hat – falls wir überhaupt noch weiter zuhören und nicht schon anfangen, nur noch mit unserer Meinung „darüber" beschäftigt zu sein. Die neuen Informationen versuchen wir, in unser Vor-Urteil einzupassen. Zumeist können wir dann feststellen: „Genau so habe ich mir das gedacht." Nur wenn wir erstaunt sind: „Da schau her, das hätte ich wahrlich nicht gedacht, daß die Partei Lila ...", dann sind wir bereit, unser Vorurteil in Frage zu stellen und gegebenenfalls zu verändern.

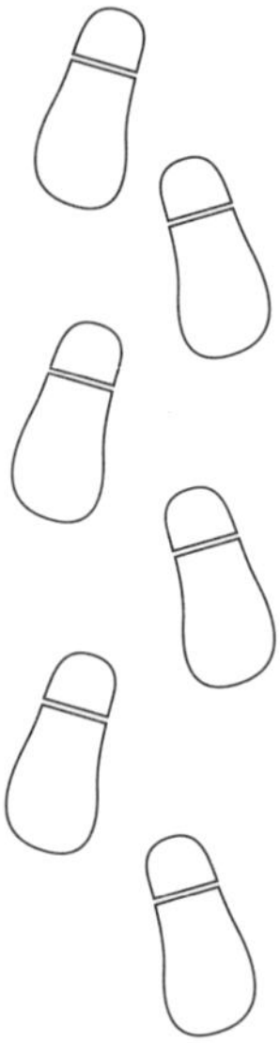

Sechs Schritte, Informationen vorurteilsfreier zu bewerten

Erinnern Sie sich an eine Situation, als jemand versuchte, Sie von etwas zu überzeugen? Während Sie ihm zuhörten, waren Sie vermutlich bereits damit beschäftigt abzuwägen, ob Sie das, was er sagt, akzeptieren oder ablehnen. Es kann sein, daß der andere Ihnen die Wertung bereits vorgeben wollte, indem er zum Beispiel formulierte:

- Steuern müssen sein, wenn wir wollen, daß unsere kaputten Straßen repariert werden.
- Männliche Studenten mit Ohrringen sind Unruhestifter.
- Mädchen spielen nicht so gut Basketball wie Jungen.
- Der Kunde hat doch sowieso kein Geld.
- Unser Produkt ist viel zu teuer.

Hören Sie sich die gesamte Information an, bevor Sie irgend eine Wertung vornehmen.

Also Ohren auf, genau zuhören und nicht unterbrechen.

Denken Sie über die Information, die Sie soeben gehört haben, erst einmal nach.

Kann diese Information bewiesen werden?
Überprüfen Sie, was die Information ist:

- eine Tatsache – Behauptung, die bewiesen werden kann;
- eine Meinung – Behauptung aus persönlichen Gefühlen heraus, die nicht bewiesen sein muß;
- eine statistische Aussage – Zahlen oder Fakten, die belegt werden können.

Finden Sie heraus, ob diese Information zuverlässig ist.

Fragen Sie sich:

- Ist dies eine aktuelle Information?
- Ergibt diese Information einen Sinn?
- Gibt es ausreichend Beispiele dafür?
- Weiß ich, woher diese Information stammt?

Je nach dem, wie Ihre Antworten auf diese Fragen ausfallen, so werden Sie auch die Information bewerten.

4

Unterscheiden Sie Meinungen von Tatsachen!

Manche Meinungen klingen wie unumstößliche Tatsachen. Achten Sie dabei auf Formulierungen wie:

- „Ich habe gehört, daß ..."
- „Wir wissen, daß ..."
- „Es wurde berichtet, daß ..."
- „Man hat gesagt, daß ..."
- „Mein Bruder kennt jemanden, der gesagt hat, daß ..."

Wenn Sie solche und ähnliche Formulierungen hören, sollte bei Ihnen eine Signallampe aufleuchten. Fragen Sie zum Beispiel diese Person, woher sie die Information hat und wer genau was sagte oder wo darüber etwas berichtet wurde.

Übrigens lohnt es sich, auch die eigenen Gedanken zu hinterfragen: Beruhen sie auf Meinungen oder Tatsachen?

5

Verschiedene Menschen können die gleiche Information unterschiedlich bewerten.

Akzeptieren Sie einfach diese Dissonanz, denn jeder hat das Recht, die Welt auf seine Weise zu sehen. Wie jemand eine Information bewertet, hängt ab von:

- seiner momentanen Stimmung,
- seinen Hintergrundinformationen,
- seinen Erfahrungen und
- seinen Erwartungen.

6

Wenn Sie nicht sicher sind, was Sie von der Information halten sollen, stellen Sie Fragen, und lassen Sie sich Beispiele nennen.

Bewerten Sie Informationen anhand einer Checkliste

>Ü<

Aus dem Werbefernsehen

Hallo! Erinnern Sie sich an mich? Ich bin Franz Spieler, der beste Torschütze vom FC-Beckenbaum. Meine Fans fragen mich immer wieder: „Franz, wo nimmst du diese super Kondition her?" Nun, das ist kein Geheimnis, ich trinke täglich zwei große Glas voll „Trimm-Dich-Fit". Einmal zum Frühstück und ein Glas am Nachmittag, und das Ergebnis ist unverkennbar. Die spezielle Zusammensetzung dieses erfrischenden Getränks gibt mir genau das, was ich brauche: Kraft, Energie und Muskelaufbau. Wünschen Sie sich nicht nur, so fit wie ich zu sein - tun Sie es! Fangen Sie an, täglich zwei Glas voll „Trimm-Dich-Fit" zu trinken, und Sie sind ein ganz neuer Mensch!

Argumentation eines Maklers

In der Stadt zu leben ist viel besser als ein Leben auf dem Dorf. Das Stadtleben ist aufregender, denn man kann dort viel mehr erleben. Wenn Sie in der Stadt wohnen, können Sie ins Theater gehen, in den Zoo, die Museen besuchen, im Park spazieren gehen, und es gibt eine Menge Restaurants. Sie können jeden Abend etwas anderes unternehmen, ob während der Woche oder am Wochenende!

Ein weiterer Grund dafür, daß es besser ist, in der Stadt zu wohnen als auf dem Lande, ist, daß Sie jederzeit die Möglichkeit haben, durch die Straßen und Gassen zu bummeln. Sie können sich die bunten Schaufenster ansehen und alles, was Sie gerne kaufen möchten, ob im Supermarkt oder in Fachgeschäften, unkompliziert einkaufen. Es ist einfach mehr los in der Stadt als auf dem Dorf.

Mutter auf dem Elternabend

Ich bitte Sie, nicht dafür zu stimmen, daß unsere Kinder auch am Samstag noch Unterricht haben sollen. Wenn sie sechs Tage in der Woche die Schulbank drücken, dann haben sie nur einen einzigen freien Tag in der Woche, um sich zu erholen. Im Wachstum befindliche Kinder brauchen jedoch sehr viel Erholung. Sie benötigen ausreichend Zeit, ihre Kräfte zu sammeln für die kommende, anstrengende Woche.

Außerdem: Wenn die Kinder auch am Samstag zur Schule gehen, bekommen sie automatisch mehr Hausaufgaben, doch nur einen freien Tag zur Verfügung, um diese zu erledigen. Die Kinder haben auch so schon immer genug Hausaufgaben zu machen.

Ein weiterer Grund dafür, daß Unterricht am Samstag nicht gut sein kann, ist, daß die Schüler kaum mehr Zeit hätten für Aktivitäten außerhalb des Unterrichts und natürlich auch weniger Zeit mit ihrer Familie verbringen würden. Ich hoffe, Sie werden gegen die Verlängerung der Schulwoche stimmen.

Checkliste zum Bewerten einer Information

1. Aus dem Werbefernsehen	2. Argumentation eines Maklers	3. Mutter auf dem Elternabend	
			1. Was ist das Anliegen des Sprechers?
			2. Glauben Sie dem Sprecher das, was er sagt? Warum oder warum nicht ?
			3. Welche Beispiele liefert der Sprecher, um sein Anliegen zu unterstreichen ?
			4. Sind diese Beispiele Meinungen oder Tatsachen ?
			5. Hat der Sprecher Ihnen genügend Beispiele gegeben? Warum oder warum nicht?

1. Aus dem Werbefernsehen	2. Argumentation eines Maklers	3. Mutter auf dem Elternabend	
			6. Glauben Sie dem Sprecher diese Beispiele? Warum oder warum nicht?
			7. Spricht der Sprecher Ihre Emotionen an? Wenn ja, wie?
			8. Welche zusätzlichen Informationen hätten Sie gern?
			9. Akzeptieren Sie das Anliegen des Sprechers, oder lehnen Sie es ab? Warum?

So könnte Ihre Lösung aussehen

1. Aus dem Werbefernsehen	2. Argumentation eines Maklers	3. Mutter auf dem Elternabend	
daß ich "Trimm-Dich-Fit" trinke	mir das Wohnen in der Stadt schmackhaft zu machen	fünf-Tage-Schulwoche durchzusetzen	1. Was ist das Anliegen des Sprechers?
nein, Getränk allein ist nicht Ursache seiner Kondition	ja, denn es sind Tatsachen	ja, weil ähnliche Erfahrungen mit eigenem Kind	2. Glauben Sie dem Sprecher das, was er sagt? Warum oder warum nicht ?
seine eigene Kondition	Vergnügung, Restaurats, Einkaufsmöglichkeiten	Erholung, Hausaufgaben, Familienleben, Freizeit	3. Welche Beispiele liefert der Sprecher, um sein Anliegen zu unterstreichen ?
scheinbare Meinung von Franz Spieler	Tatsachen	Tatsachen	4. Sind diese Beispiele Meinungen oder Tatsachen ?
nein, kein zwingender Beweis für die Wirkung des Getränks	nein, Leben auf dem Land schließt Nutzung der Möglichkeiten in der Stadt nicht aus	nein, Sichtweise der Schule fehlt	5. Hat der Sprecher Ihnen genügend Beispiele gegeben? Warum oder warum nicht?

1. Aus dem Werbefernsehen	2. Argumentation eines Maklers	3. Mutter auf dem Elternabend	
nein, er wird nur benutzt, um das Getränk zu verkaufen	ja, aus eigener Erfahrung	ja, da gleiche Erfahrung gemacht	6. Glauben Sie dem Sprecher diese Beispiele? Warum oder warum nicht?
nein	ja, spricht meine Sehnsucht nach Geselligkeit und Vergnügung an	ja, auch ich will mehr von meinem Kind haben	7. Spricht der Sprecher Ihre Emotionen an? Wenn ja, wie?
Wie wirkt das Getränk bei anderen? Was tut er außerdem noch für seine Kondition?	Stadt - Land: -Lebensqualität -Grundstückspreise -Mietpreise -Arbeitsmöglichkeit	Sichtweise der Schulleitung	8. Welche zusätzlichen Informationen hätten Sie gern?
Ich akzeptiere das Anliegen, es ist eine Möglichkeit, das Getränk zu verkaufen.	Ich lehne es ab, es ist zu pauschal.	Ja, ich würde es im konkreten Fall unterstützen.	9. Akzeptieren Sie das Anliegen des Sprechers, oder lehnen Sie es ab? Warum?

Rückkoppeln der Botschaft

Gute Zuhörer übernehmen die Verantwortung für die Kommunikation, indem sie den Sprecher durch verbales und/oder nonverbales Feedback wissen lassen,

- daß sie ihn verstanden haben,
- was sie verstanden haben und
- wie sie ihn verstanden haben.

Einerseits ist der Sender einer Information verantwortlich für seine Botschaft, andererseits fühlen sich gute Zuhörer zuständig für das Gelingen der Kommunikation. Dazu nutzen sie die Möglichkeiten des verbalen und nonverbalen Feedbacks.

Feedback zu bekommen spielt für jeden eine zentrale Rolle, nicht nur im Gespräch. Wir alle erleben uns ständig in der Reaktion der anderen: So, wie andere auf mich reagieren, so habe ich auf sie gewirkt. Die Umwelt wird so zum Spiegel des eigenen Verhaltens. In der Umwelt erleben wir uns selbst. Das formuliert auch der Volksmund so treffend: Wie man in den Wald hineinruft, so schallt es wieder heraus. Interessanter, als gegen Kunden, Chefs und böse Schwiegermütter zu kämpfen, ist es darum, die Umwelt als Spiegel zu benutzen, um zu Selbsterkenntnis zu gelangen.

Unserem Gesprächspartner Feedback zu geben hilft ihm, sich seiner selbst bewußter zu werden.

Spielregeln für verbales Feedback

- Warten Sie, bis der andere ausgeredet hat. Das bedeutet nicht nur, daß Sie ihn nicht unterbrechen, sondern auch bei einer Pause abwarten, ob er doch noch weiterredet. Oftmals will der Gesprächspartner weiterreden, braucht jedoch einige Augenblicke, um seine Gedanken zu finden und sie in Worte zu fassen.

> **Beispiele:**
> „Interessant."
> „Und dann?"
> „Ich verstehe."

- Kurze Reaktionen sind die einfachste Art und Weise, dem Sprecher zu zeigen, daß es Sie interessiert, was er sagt.

- Teilen Sie Ihrem Gesprächspartner mit, wie Sie über die Sache denken, wie Ihre Befindlichkeit ist. Senden Sie ICH-Botschaften (vgl. Vier-Ohren-Modell ab Seite 61). Vermeiden Sie unbedingt, ihn als Person anzugreifen, also schicken Sie keine DU-Botschaften.

- Wenn der andere ausgeredet hat, sprechen Sie mit ihm über die Informationen, die Sie auch noch zu dem Thema haben. Viele gute Gespräche beginnen damit, daß Menschen sich über ein Thema unterhalten, das beide interessiert. Das schafft Gemeinsamkeiten, und diese sind wiederum eine gute Basis für gegenseitiges Vertrauen und Sympathie - eine Voraussetzung für gute Geschäfte.

- Kennen Sie diese Situation:

  Der Sprecher fragt: „Welche Fragen sind noch offen?" oder: „Gibt es noch etwas, das unklar ist?" - und keiner sagt etwas. Deshalb kürzt er unter Umständen mit der Floskel ab: „Alles klar?" Woraufhin er in der Regel das prompte Feedback erhält: „Alles klar!" Erst später, oft zu spät, stellt sich heraus, was alles nicht klar war. Dann wird das Fell ganz gern gerettet mit:

  „Ich hatte doch aber ganz klar gesagt ..."

  „Das hätten Sie aber sagen sollen."

  „Da haben Sie mich falsch verstanden."

  „Ach so, ich dachte ..."

> **Darum** :
> Haben Sie die Aussage verstanden, dann sagen Sie, was Sie verstanden haben. Ist etwas nicht ganz klar, fragenSie! Der Sprecher braucht eine Rückkopplung, was bei Ihnen angekommen ist.

Spielregeln für nonverbales Feedback

Nicht immer brauchen wir ein verbales Feedback. Allein wenn der andere mit den Augen rollt, kann uns das viel erzählen. Oft achten wir sogar mehr auf die Reaktionen, die wir beim Gesprächspartner sehen, als auf das, was er uns mit Worten mitteilt.

- Indem Sie als Zuhörer möglichst konstanten Augenkontakt halten, zeigen Sie, daß Sie interessiert und aufmerksam sind. › Augenkontakt

- Nehmen Sie eine aktive Sitzhaltung ein. › Körperhaltung

- Denken Sie daran, daß auch Ihr Gesichtsausdruck viel erzählt. › Mimik

Vermeiden Sie:
aus dem Fenster zu sehen, mit der Uhr oder dem Stift zu spielen, die Augen zu verdrehen oder zu gähnen.

- Wenn Sie, ohne unhöflich zu sein, den anderen wissen lassen möchten, daß Sie im Moment etwas verwirrt sind, etwas anderes dringendes tun müssen oder sich einfach langweilen, dann tun Sie das nicht durch nonverbale Andeutungen.

Anstelle solcher, den Sprecher frustrierenden Reaktionen, können Sie ihm gezielte Fragen stellen oder ihm sagen, daß Sie momentan andere Dinge stärker bewegen, die Sie daran hindern, ihm aufmerksam zu folgen.

Ihre nonverbalen Reaktionen sollten mit dem übereinstimmen, was Sie sagen. Sich widersprechende Botschaften stiften zumindest Verwirrung.

Welchen Eindruck gewinnen Sie von einem Menschen, der gähnend aus dem Fenster sieht und dabei sagt: „Ich freue mich, Sie zu sehen."

Überblick

Wahrnehmen

geschieht um so besser
- je wichtiger die Botschaft ist
- je mehr uns das Thema interessiert
- je mehr Spaß wir haben
- je besser wir den Inhalt verstehen
- je sympathischer uns der Sprecher ist

Zuordnen

dabei achten Sie auf
- Worte, Begriffe, Grundaussage
- Betonung, Tonfall
- Körpersprache und
- die eigene „Brille"

Bewerten

- gesamte Information wahrnehmen
- Tatsachen von Meinungen unterscheiden
- Zuverlässigkeit der Information ermitteln

Rückkoppeln

- verbales oder nonverbales Feedback
- daß Sie ihn verstanden haben
- was Sie verstanden haben
- wie Sie ihn verstanden haben

Zuhören geschieht freiwillig. Es gilt, die Absicht des Sprechenden zu verstehen.

Einerseits ist der Sender einer Information verantwortlich für seine Botschaft, andererseits fühlen sich gute Zuhörer zuständig für das Gelingen der Kommunikation.

Keine Neuigkeit erreicht den Geist durch den geöffneten Mund.

Das Vier-Ohren-Modell

Es ist Sommer, seit Wochen hatt es nicht geregnet. Ich sitze als Beifahrer im Auto eines Trainerkollegen. Er fährt seinen tiefgelegten Wagen auf recht „sportliche" Weise - im Vergleich dazu würde ich mich als „seriösen" Fahrer bezeichnen. Wir rasen mit 90 km/h über das staubige Kopfsteinpflaster eines kleinen Ortes, es ist Nacht. Es fängt an zu regnen, und die großen Tropfen verbinden sich mit dem Straßenstaub zu einem schmierigen Film. Ich sage zu ihm:

„Du, die Straße ist naß."

Augenblicke später nimmt er den Fuß vom Gaspedal, und wir fangen an zu lachen. Erst am vergangenen Abend hatten wir ein intensives Gespräch, in dem das Schulz von Thunsche Vier-Ohren-Modell (siehe Literaturverzeichnis Seite 143) eine zentrale Rolle spielte. Danach bekommt der Empfänger einer Botschaft immer vier Informationen:

1	2	3	4
Die Botschaft hat einen sachlichen Inhalt.	Die Botschaft macht eine Aussage über den Gesprächspartner und über die Beziehung zwischen beiden.	In jeder Botschaft steckt ein Appell, ein Aufruf, eine Absicht. Der Sender will etwas erreichen.	Mit jeder Botschaft sagt der Sender etwas über sich aus.
Im Beispiel: Die Straße ist naß.	Im Beispiel: Ich halte ihn für unvernünftig, fahrlässig, leichtsinnig.	Im Beispiel: Ich will, daß er langsamer fährt, daß er vorsichtiger ist.	Im Beispiel: Ich habe Angst, wir könnten mit dem Auto ins Rutschen kommen.

1

Inhaltsohr:
„Die Straße ist naß."
Reaktion: „Ja."

2

Beziehungsohr:
„Du bist leichtsinnig."
Reaktion: „Ich bin erwachsen genug."

BOTSCHAFT

3

Appellohr:
„Fahr langsamer!"
Reaktion: Nimmt Gas weg

4

Selbstoffenbarungsohr:
„Ich habe Angst."
Reaktion: „Dir ist bei dem Tempo unwohl."

So, wie der Sender vier Botschaften gleichzeitig sendet, so hat auch der Empfänger vier Ohren, mit denen er gleichzeitig zuhört. Der Empfänger wählt aus, welcher der vier Seiten er besondere Bedeutung beimißt und welcher weniger.

1	2	3	4
Hört er vor allem mit dem	Hört er vor allem mit dem	Hört er mehr mit dem	Hört er nur auf meine
Inhaltsohr,	**Beziehungsohr**,	**Appellohr**,	**Selbstoffenbarung**,
könnte er antworten: „Ja, der Regen ist auch mal nötig nach dieser Trockenheit." Er wird mit unvermindertem Tempo weiterfahren.	könnte er antworten: „Man muß auch mal was riskieren, ich habe mein Auto bestens im Griff. Jetzt kommt erst Leben in den Turbo."	könnte er zum Beispiel wortlos antworten, indem er den Fuß vom Gas nimmt und tatsächlich langsamer fährt.	könnte seine Antwort heißen: „Du hast Angst, das Auto könnte ins Rutschen kommen."

Hört er mit allen vier Ohren gleich gut, könnte er sagen:

„Für Deine Begriffe fahre ich zu schnell bei diesem Nieselregen. Du möchtest, daß ich langsamer fahre."

Vor allem dann, wenn wir selbst müde oder gereizt sind, hören wir meistens in einer bestimmten Rangfolge zu. Fühlt sich nämlich unser Selbstwertgefühl angegriffen, dann hat im weiteren Gesprächsverlauf die Verteidigung des Selbstwertgefühls Vorrang, und alles andere wird untergeordnet:

Rang 1	**Rang 2**	**Rang 3**	**Rang 4**
Was sagt der andere über mich aus?	Was will der andere von mir?	Worum geht es denn überhaupt bei dem, was er sagt?	Was erzählt der andere über sich?

Und genau hier liegt der Schlüssel für einen guten Zuhörer: sein zumeist schwach entwickeltes Selbstoffenbarungsohr zu trainieren, so daß es gleichberechtigt neben dem dominierenden Ohr steht. Es lohnt sich, diesen Schlüssel zum anderen zu finden.

Dazu ein Erlebnis:

An einem Samstagabend im Winter kam ich gegen 23 Uhr von einem Seminar zurück. Da ich im Erfurter Stadtzentrum wohne, stellte ich das Auto etwa 300 Meter von meinem Haus entfernt auf einem Anwohnerparkplatz ab. Genau über diesem Parkplatz ist ein Balkon. An jenem Abend stand auf diesem Balkon ein Mann. Als ich ausstieg, rief er mir zu: „Wieso stellen Sie Ihr Auto hier ab?“ „Ich habe eine Anwohnerparkkarte“, war meine Antwort. „Woher haben Sie sich die wieder erschwindelt?“ Ich war müde, nahm mein Gepäck, schloß das Auto ab und ließ den Mann wortlos stehen. Während meiner 300 Meter Fußweg machte ich mir Gedanken: Was will der Mann bei dieser Kälte am Samstagabend um elf Uhr auf seinem Balkon? Warum hat er mich angebrüllt? Und mir wurde klar, daß weder ich noch mein abgestelltes Auto gemeint waren. Er hat einen Hilferuf geschickt. Dieser Mann hatte Probleme, und er wollte sie bei mir abladen.

Wie hätte ich reagieren können, wenn mir in dieser Situation an diesem Menschen etwas gelegen hätte? Vielleich hätte ich zwei Flaschen Bier nehmen können. Damit wäre ich zu ihm auf den Balkon gegangen, und er hätte mir von seinen Problemen erzählt. Vermutlich hätte ich dann erfahren, warum er so schlechte Laune hat: Vielleicht darf er in der Wohnung nicht rauchen, und bei diesem Wetter auf den Balkon zu gehen, erzeugt Frust; vielleicht wollte er sich eine Sportsendung ansehen, seine Frau aber die Unterhaltungssendung, und sie hatte gesiegt; vielleicht auch, weil seine Frau nichts von ihm wissen wollte oder, oder, oder ...

Möglicherweise wären wir Freunde geworden, weil ihm endlich jemand zuhört und ihn versteht. Und von da an hätte er aufgepaßt, daß kein anderer sein Auto auf meinen Parkplatz stellt. Wie gesagt, wenn mir an diesem Menschen in diesem Moment etwas gelegen hätte ...

Und wieviel sollte uns an unseren Kunden oder Mitarbeitern, unseren Klienten oder Mandanten liegen? Wie einfach könnten wir ihr Vertrauen und ihre Sympathie gewinnen!

Wie können die Selbstoffenbarungs-, Beziehungs- und Appellbotschaften folgender Aussagen lauten? Finden Sie mehrere Möglichkeiten.

	Selbst-offenbarung	**Beziehung**	**Appell**
Verkäufer zum Kunden : „Sie werden mir sicherlich zustimmen, daß etwas geschehen muß."			
Ehemann zu seiner Frau: „Sag mal, ist noch ein Bier im Kühlschrank?"			
Sekretärin zum Besucher: „Dafür ist die Abteilung X zuständig."			
Küchenchef zum Koch: „Wieviel Salz ist in der Suppe?"			
Trainer zum Seminarteilnehmer: „Das Fenster ist noch geöffnet."			

So könnte eine Ihrer Lösungen aussehen:

	Selbst-offenbarung	Beziehung	Appell
Verkäufer zum Kunden: „Sie werden mir sicherlich zustimmen, daß etwas geschehen muß."	Ich befürchte, daß ich mit meiner Meinung allein bin.	Du bist unentschlossen.	Schließe bei mir den Vertrag ab!
Ehemann zu seiner Frau: „Sag mal, ist noch ein Bier im Kühlschrank?"	Ich habe Appetit auf ein Bier.	Wie ich Dich kenne, hast Du Dich sicherlich um Bier gekümmert. Du bist fürsorglich.	Bring mir ein Bier!
Sekretärin zum Besucher: „Dafür ist die Abteilung X zuständig."	Damit befasse ich mich nicht.	Du störst mich.	Geh und laß mich in Ruhe!
Küchenchef zum Koch: „Wieviel Salz ist in der Suppe?"	Mir schmeckt die Suppe.	Du kannst gut kochen. Von Dir kann man lernen.	Mach weiter so!
Trainer zum Seminarteilnehmer: „Das Fenster ist noch geöffnet."	Mir ist es zu kalt.	Ich bestimme, und Du hast Dich unterzuordnen.	Mach das Fenster zu!

Sehen Sie sich nochmals Ihre Lösungen an, und überprüfen Sie, ob es sich bei den Beziehungsaussagen mehrheitlich um Du-bist-o.k.-Botschaften oder eher um Du-bist-nicht-o.k.-Botschaften handelt. Seminarteilnehmer stellen an dieser Stelle immer wieder fest, daß Sie zu oft nicht-o.k.-Beziehungsbotschaften sowohl senden als auch hören. Nicht-o.k.-Botschaften sind Angriffe auf das Selbstwertgefühl des Empfängers. Das Selbstwertgefühl wieder aufzubauen oder zu verteidigen, ist dann wichtiger, als auf den Inhalt oder auf die Selbstoffenbarung einzugehen. Die so entstehenden Selbstwert-Spiele hindern uns, optimal zu kommunizieren.

> **Was können Sie tun, um diese Selbstwertspiele zu unterbrechen?**

Ab sofort wissen Sie, daß jemand, der Sie mit Worten angreift, zumeist nicht Sie meint, sondern sich selbst. Fragen Sie sich daher: „Welches Problem hat er, und wie kann ich ihm bei der Lösung helfen?"

Menschen, die sich nicht verstehen und wenigstens verstehen, daß sie sich nicht verstehen, verstehen sich besser als jene, die sich nicht verstehen und nicht verstehen, daß sie sich nicht verstehen. Verstanden?

Die fünf Wahrnehmungs-kanäle

Eine Stimmgabel schwingt mit dem Ton A, den Sie beispielsweise auf einem Klavier anschlagen, nur dann mit, wenn sie in Resonanz ist mit diesem Ton. Der Ton muß also ihrer Eigenfrequenz entsprechen. Trifft das nicht zu, dann ist das A für die Stimmgabel gar nicht existent, sie kann es nicht „wahrnehmen“. Die beiden „verstehen“ sich nicht, es kommt zu keinem „Kontakt“.

Stellen Sie sich vor, Sie haben eine Karte für die Semperoper zu Dresden erstanden, für einen unvergeßlichen Kunstgenuß im Meisterwerk der Baukunst und Akustik. Orchester und Darsteller in Starbesetzung – der Vorhang hebt sich, das Orchester setzt ein. Die Bläser spielen den Auftakt, die Harfe folgt mit einem kurzen Solo. Da tänzelt doch die Violine von rechts außen dazwischen. „Was spielt die da?“ fragt sich die Harfe, „die ist doch noch lange nicht dran!“ Verwirrt sehen die Posaunen auf Ihr Blatt, denn sie setzen gleich nach der Harfe ein. Sie blättern Ihr Notenbuch ein paar Seiten vor und ein paar Seiten zurück, doch sie können nicht finden, was die Violine da spielt. „Wenn sie sich nicht einen schlechten Scherz erlaubt, dann spinnt sie. Die spielt Dinge, die überhaupt nicht im Notenblatt stehen.“ Noch ist Gelegenheit, ihr einen unauffälligen Wink zu geben. „Was die Blechbläser nur haben?“ fragt sich die Violine. „Die können wohl nicht lesen! Das ist meine Stelle, was will die Harfe eigentlich in meinem Part?“ Die Bläser übertönen mittlerweile die Violine, was wiederum den Dirigenten erst einmal beruhigt. Während die Klarinetten ihr Solo absolvieren, geigt sich der „Irrläufer“ von rechts außen gemeinsam mit dem Baß in den Keller.

„Ich hab's gewußt, der Baß spielt mit mir konform, die Bläser haben wahrscheinlich die falschen Notenblätter aufgelegt." Und mit allem Engagement geigt sie sich zum tiefen C hinunter, ganz nach ihren Noten. Dem Dirigenten kräuseln sich die Haare, bis endlich das gesamte Streichorchester einsetzt. An dieser Stelle hat die Violine eine Pause auf ihrem Blatt.

In Ihrer Phantasie können Sie sich nun selbst ausmalen, wie diese Aufführung weitergeht, und spätestens in der ersten Pause werden sich die Musiker gegenseitig in der Luft zerreißen. Objektiv gesehen haben beide das richtige gespielt, nur der Zeitpunkt war nicht derselbe. Während die Violine und ihr Baß vom Notenblatt den „Reigen seliger Geister" aus „Orpheus und Eurydike" spielten, hatte der Rest des Orchesters die Noten der „Nußknackersuite" vor sich.

Für welche Aufführung haben Sie Ihre Karte gekauft?

Auf uns übertragen bedeutet das: Alles, was sich außerhalb unserer Resonanzfähigkeit befindet, nehmen wir nicht wahr, existiert einfach nicht. Wollen wir jedoch unseren Gesprächspartner besser verstehen, ist es unabdingbar, mit seiner inneren Schwingungswelt in Resonanz zu treten. Zuhören heißt also auch, die Schwingungswelt des anderen (sein inneres Repräsentationssystem, wie es die NLP-ler nennen) wahrzunehmen. Höre ich, wie jemand seine Erfahrungen durch Sprache repräsentiert, kann ich mit meiner Antwort seine Sprache sprechen. Ich kann mich ihm verständlich machen, indem ich bei ihm die Sinne anspreche, mit denen er mich am besten verstehen kann.

Indem ich zunächst ihn verstehe, habe ich also die Grundlage gelegt, auch von ihm verstanden zu werden.

Wahrnehmungen lassen sich in die Informationen unserer fünf Sinnesorgane aufteilen. Den größten Teil der Informationen liefern uns Sehen, Hören und Fühlen, wobei die meisten Menschen einen der drei Sinne bevorzugen. So formulieren sie ein und denselben Sachverhalt unterschiedlich:

Sehen (visuell)

„Das sieht schlecht aus."

Hören (auditiv)

„Das hört sich nicht gut an."

Fühlen (kinästhetisch)

„Dabei habe ich ein unangenehmes Gefühl."

Riechen (olfaktorisch)

„Das stinkt mich an."

Schmecken (gustatorisch)

„Das schmeckt mir gar nicht."

B Der Dom

Die Unterschiede zwischen den einzelnen Wahrnehmungskanälen erkennen Sie ganz deutlich an den folgenden drei Beschreibungen. In allen drei Fällen handelt es sich um ein und dasselbe Bauwerk, den Dom zu Erfurt. Das erste Mal wird er von einem vorwiegend visuellen, daß zweite Mal von einem auditiven und das dritte Mal von einem kinästhetischen Typ beschrieben.

visuell

Der Dom steht auf einer Anhöhe und überblickt die Stadt. Eine graue Freitreppe lenkt das Auge des Besuchers auf den großen Eingang. Betritt man das Innere des Domes, strahlen einem eine Vielzahl bunter, biblischer Fensterbilder entgegen. Wenn sich in den vielen Glasfenstermosaiken die Sonne bricht, taucht der große Kirchenraum in farbiges Licht. Durch eine Kette vom Besucher getrennt, ist der goldglänzende Altar sichtbar. Einige Leute sitzen auf den Holzbänken und beobachten den Organist, wie dessen Hände das Register streichen. Der Führer zeigt uns eine wertvolle Bronzestatue aus dem 12. Jahrhundert.

auditiv

Der auf einer Anhöhe stehende Dom birgt die sagenumwobene Glocke „Gloriosa", deren Klang sich über die gesamte Stadt ausbreitet. Von dort oben aus hört man nur noch den Wind säuseln. Der Straßenlärm ist verstummt. Geht man durch eine knarrende Eisentür in das Innere des Domes, umgibt einen eine tiefe Stille. Die Besucher flüstern miteinander, und mit gedämpfter Stimme erklärt der Domführer den wunderschönen Altar. Ein leichter Luftzug bringt kleine Glöckchen zum Klingen. Der Organist gibt gern eine kurze Kostprobe auf der meisterhaft tönenden Orgel.

Das in respektvoller Höhe erbaute Kirchenschiff streckt seinen schlank anmutenden Glockenturm den Wolken entgegen. Es ist ein erhabenes Gefühl, quasi über den Dächern der Stadt zu stehen. Geht man durch das übergroße, eher Kälte ausstrahlende Eisentor in das Innere des Domes, empfängt einen Ruhe und Geborgenheit. Tief berührt von der Atmosphäre dieses hohen Raumes, möchte man sich am liebsten auf einer der Holzbänke niederlassen, um dieses unendliche Gefühl des Wohlbehagens tief in sich aufzunehmen. Irgendwie stellt sich eine Verbindung zu all den anderen Besuchern her, die offensichtlich ähnliches zu spüren scheinen. Kommt man wieder an das Tageslicht zurück, merkt man noch immer sehr nachhaltig, welch bemerkenswerten Eindruck dieses ehrwürdige Gemäuer hinterläßt.

kinästhetisch

Die folgenden Übungen konzentrieren sich auf die drei bedeutendsten Wahrnehmungsformen: den visuellen, den auditiven und den kinästhetischen Wahrnehmungskanal. Wie wichtig auch die beiden anderen Kanäle sind, wird deutlich, wenn jemand aufgrund seines Parfüms auf uns anziehend wirkt, oder wenn ein wohlschmeckendes Abendessen einen aufgebrachten Kunden umstimmen kann.

Ordnen Sie die Wortgruppen den jeweiligen Wahrnehmungskanälen zu.

>Ü<

	visuell	auditiv	kinästhetisch
etwas betonen	☐	☐	☐
der Schatten eines Zweifels	☐	☐	☐
daran gibt's nichts zu rütteln	☐	☐	☐
das ist verschwommen	☐	☐	☐
dem kann ich folgen	☐	☐	☐
in den sauren Apfel beißen	☐	☐	☐
trübe Aussichten	☐	☐	☐
das findet Anklang	☐	☐	☐
aus dem Ärmel schütteln	☐	☐	☐
ein Lied davon singen	☐	☐	☐
das Eis brechen	☐	☐	☐
den Teufel an die Wand malen	☐	☐	☐
daher pfeift der Wind	☐	☐	☐
bei jemanden landen	☐	☐	☐
der neueste Schrei	☐	☐	☐
eine Beziehung dazu haben	☐	☐	☐
kalte Füße bekommen	☐	☐	☐
das kann ich mir vorstellen	☐	☐	☐
in die Hand nehmen	☐	☐	☐
das ist sonnenklar	☐	☐	☐
unter den Arm greifen	☐	☐	☐
bei Lichte besehen	☐	☐	☐
die Fühler ausstrecken	☐	☐	☐
ganz Ohr sein	☐	☐	☐
gegen den Strom schwimmen	☐	☐	☐
sag ich doch	☐	☐	☐
ein gutes Gefühl haben	☐	☐	☐

	visuell	auditiv	kinästhetisch
das klingt schräg	☐	☐	☐
im Bilde sein	☐	☐	☐
das frage ich mich auch	☐	☐	☐
darüber im Klaren sein	☐	☐	☐
einen Blick dafür haben	☐	☐	☐
ein Gespür für etwas haben	☐	☐	☐
hart im Nehmen sein	☐	☐	☐
etwas einstecken	☐	☐	☐
etwas deutlich machen	☐	☐	☐
schauen Sie	☐	☐	☐
augenscheinlich	☐	☐	☐
das haut mich um	☐	☐	☐
etwas ist anschaulich	☐	☐	☐
das ist augenfällig	☐	☐	☐
durchschaubar sein	☐	☐	☐
wohlklingend	☐	☐	☐
etwas begreifen	☐	☐	☐
einleuchtend sein	☐	☐	☐
hellhörig sein	☐	☐	☐
sich etwas verkneifen	☐	☐	☐
das ist kaum zu fassen	☐	☐	☐
das hat Pfiff	☐	☐	☐
ich verstehe	☐	☐	☐
mächtig reinhauen	☐	☐	☐
weiterverfolgen	☐	☐	☐
jetzt hat's klick gemacht	☐	☐	☐
sich rühren	☐	☐	☐
im Griff haben	☐	☐	☐
verwirrt sein	☐	☐	☐
damit fertig werden	☐	☐	☐

›Ü‹ **Suchen Sie aus dem folgenden Text die Worte heraus, die auf einen der drei Wahrnehmungskanäle hinweisen.**

Der Traum

Vor dem mächtigen Schlosse aus kaltem Marmor tat sich ein großer Garten mit feuerroten Bäumen auf. Die Früchte strahlten wie Gold, und die Blumen dufteten stärker als Jasmin. Leise rauschten die sattgrünen Blätter im warmen Sommerwind. Über all der Herrlichkeit schwebte ein unheimlich anmutender, tiefblauer Himmel, der den Mond als funkelnden Diamant in seinem Haar trug. Bei Windstille hörte man die Grillen klagen, daß es einem fast das Herz zerriß. Durch das hohe Gras schlichen schlanke, weiße Katzen mit achatfarbenen Augen. Sie schienen erhaben gegenüber all dieser Pracht. Lautlos schwebten sie auf ihren Samtpfoten, ohne einen Grashalm zu berühren. Unter einer knarrenden Trauerweide hielten sie ehrfurchtsvoll inne. Vor ihnen erhob sich ein herrlicher Knabe aus schneeweißem Stein. Er hielt seine Arme weit geöffnet, diesem Paradies Liebe zu geben und aus ihm Liebe zu empfangen.

› visuell

____
____
____
____
____
____

› auditiv

____
____
____
____
____
____

› kinästhetisch

____
____
____
____
____
____

Die folgende Beschreibung eines bekannten Gebäudes erfolgte aus stark kinästhetischer Sichtweise. Formulieren Sie die Beschreibung aus dem Blickwinkel eines vorwiegend visuellen und eines mehr auditiven Typs.

›Ü‹

Der Eiffelturm

Dieses 1889 in für damalige Verhältnisse gigantischer Höhe errichtete Bauwerk ist in seiner Art beeindruckend. Es überrascht durch seine außerordentlichen Dimensionen. Dieser Koloß ist ein Zeugnis menschlichen Willens, der die Größe eines Genies manifestieren will. Es waren die Jahre neuer wissenschaftlicher Errungenschaften, in denen man versuchte, die Kunst unter ganz neuen Aspekten zu begreifen. Jede Aktivität wurde dem sich rasch verändernden Zeitgeist angepaßt. So folgte auch die Architektur radikal jener neuen Lebensauffassung: Glas, Eisen, Stahl waren die neuen Baumaterialien für eine immer leichtere, dynamischere Bauweise. Ein Ergebnis daraus ist diese grandiose Linie aus Metall am Pariser Himmel, die sich erhaben über alle Gebäude zu recken scheint. Sein außergewöhnliches Gewicht ruht auf vier Pfeilern. In schwindelerregender Höhe laden Restaurants zur Rast ein. Auf dem obersten Plateau spürt man die sanften Schwankungen des Turmes, und es kann mitunter eine recht starke Brise um die Nase wehen.

› visueller Typ

› auditiver Typ

Woran erkennen Sie, welcher Typ Ihr Gesprächspartner ist?

Um einen noch besseren Kontakt zu Ihrem Gesprächspartner zu bekommen, können Sie sich seinem Repräsentationsmuster anpassen. Sie bewegen sich dann in seine Welt hinein.

Kinästhetischer Typ

Er spricht langsam, mit dunkler Stimme und macht lange Pausen.

Er macht viele Körperbewegungen. Er muß Ihr Produkt anfassen und begreifen.

Beschreiben Sie ihm Ihr Produkt von seiner Beschaffenheit her, seiner Gestalt, seiner Form oder Oberfläche. Lassen Sie ihn das Produkt anfassen, ausprobieren. Geben Sie ihm das Gefühl, es bereits zu besitzen.

Auditiver Typ

Er spricht langsam und überlegt sich seine Worte.

Sein Sprechtempo ist ausgewogen, rhythmisch und bedacht. Er spricht langsam und überlegt sich seine Worte. Seine Stimme ist klar und voll. Den Kopf hält er oft schräg. Gern faltet er seine Hände oder verschränkt die Arme.

Da er über den Klang der Stimme, ihren Rhythmus, ihre Lautstärke und den Tonfall versteht, sprechen Sie langsam mit ihm. Machen Sie deutliche Pausen, und variieren Sie Ihre Stimme.

Visueller Typ

Er spricht meist sehr schnell und macht wenig Pausen.

Sätze werden von ihm oft nicht zu Ende formuliert. Er denkt in Bildern, die er gern mit Attributen ausschmückt („eine bunte Wiese" oder „eine strahlende Zukunft"). Seine Stimme ist zumeist hell und hoch. Gern zeigt er mit den Händen auf etwas.

Beleuchten Sie ihm daher Ihr Produkt aus unterschiedlichen Perspektiven. Vermitteln Sie ihm ein Bild vor seinem geistigen Auge. Sprechen Sie in kurzen, übersichtlichen Sätzen. Zeigen Sie ihm Prospektmaterial.

Auf dem Ordnungsamt

>B<

Ein Beispiel dafür, wie Menschen aneinander vorbeireden können. Wenn schon das Gesprächsthema nur schwer eine Übereinstimmung zuläßt, sollte die Verständigung wenigstens optimal sein, das heißt, daß jeder wenigstens die Chance bekommt, wahrzunehmen, was der andere sagt.

M: Mitarbeiter des Amtes
B: Bürger

M: „Guten Tag."

B: „Guten Tag. Ich habe einen Strafzettel bekommen."

M: „So so, das ist aber kein Strafzettel, sondern eine Verwarnung. – Aber nun lassen Sie mal hören. – Aha, schon klar. Am Anfang der Straße steht auf der rechten Seite ein Schild, daß dort nur Anwohner parken dürfen."

B: „Also, ich kann Ihnen das Gegenteil zeigen. Zum einen ist da ganz offensichtlich kein Schild erkennbar, und zweitens bin ich nicht extra nochmal zurückgegangen, um nachzusehen."

M: „Sie können gerne einen Anhörungsbogen ausfüllen. Ich sage Ihnen gleich, daß Sie beim Gehwegparken kaum Gehör bekommen."

B: „Wie sieht es denn mit Parkplätzen aus? Schauen Sie, wo ich stand, da habe ich doch niemanden behindert. Ich habe doch wirklich nur geparkt, um nach meiner Mutter zu sehen, die alt ist und Pflege braucht."

M: „In diesem Fall kann Ihre Mutter gern beim Verkehrsamt vorsprechen, um für Sie eine Anwohnerparkkarte zu beantragen."

B: „Offensichtlich ist die Bürokratie heute noch schlimmer als früher. Das Schild ist doch absichtlich nicht zu sehen, damit Sie immer volle Kassen haben."

M: „Hören Sie, ich persönlich habe nichts davon, wenn es in der Kasse des Amtes klingelt."

B: „Nun seinen Sie doch aber nicht so blauäugig. Das sieht doch ein Blinder, daß es nur darum geht, daß die Stadtverwaltung zusieht, wie sie das Geld aus den Leuten herauspressen und eintreiben kann, um sich selbst sonnige Gehälter zahlen zu können."

M: „Achten Sie auf Ihre Worte, und mäßigen Sie Ihren Ton. Die durch die Überwachung erzielten Einnahmen werden zur Deckung der entstehenden Kosten benötigt."

B: „Das sind glänzende Aussichten. Da bezahle ich mit meinem Strafzettel also die Leute, die mir dann das nächste Knöllchen verpassen. Und keiner drückt mal ein Auge zu."

M: „Sagen Sie doch selbst, wenn Knöllchen nur fünf Mark kosten würden, dann wäre das für viele auf die Dauer preiswerter, als Parkgebühren zu bezahlen. Keiner würde mehr auf den Gesetzgeber hören. Aber lassen Sie uns doch mal ehrlich miteinander reden. Was wollen Sie denn nun wirklich aussagen? Im Grunde wollen Sie doch nur rumbrüllen."

B: „Also, wenn Sie Ihre Arbeit nicht gern machen, dann müssen Sie sich eben nach einer anderen umsehen, die Ihnen mehr Spaß macht. Okay, ich sehe schon, es hat keinen Zweck. Sie interessieren sich nicht für meine Ansichten. Wieviel kriegen Sie von mir – 30 Mark?"

M: „Ich kann das Geld nicht entgegennehmen. Aber ich sage Ihnen, wo Sie es loswerden. Da müssen Sie zur Kasse in der Zeppelinstraße oder einfacher noch mit dem Einzahlungsbeleg auf Ihre Bank."

B: „Schauen Sie, jetzt bin ich hier, um die Sache klarzumachen. Und Sie nehmen jetzt das Geld, oder wollen Sie mich deswegen auch noch hin und her laufen sehen?"

M: „Bitte, verstehen Sie mich nicht falsch. Ich darf das Geld wirklich nicht annehmen."

B: „Wenn Sie es nicht wollen, dann sehen Sie zu, wie Sie dazu kommen. Jetzt sind Sie dran, sich das Geld bei mir abzuholen. Ich sehe Ihrem Besuch mit Freude entgegen. Wiedersehen!"

Die fünf Wahrnehmungskanäle

Sprache und innere Modelle

Jeder Mensch modelliert in seinem Kopf die Welt, in der er lebt. Er trägt in sich ein Abbild dieser Welt. Dieses Abbild ist nicht mit der „wirklichen" Welt identisch. Es sind unsere Eindrücke, die durch die Sinne begrenzten Wahrnehmungen, die unser Bild von der Welt prägen. Um in andere, durch die Sinne nicht erfaßbare Bereiche vorzudringen, hat sich der Mensch Hilfsmittel geschaffen: Zum Beispiel das Mikroskop oder das Radioteleskop.

All diese Hilfsmittel sind letztlich „nur" Transformatoren, um sinnlich nicht erfaßbare Frequenzbereiche in die Bereiche zu übertragen, die wir mit unseren fünf Sinnen wahrnehmen können. Damit können wir uns zwar immer bessere gedankliche Modelle der Welt schaffen, aber letztlich haben wir „DIE WELT" damit noch nicht erkannt.

Gedanken
↓ verdichten sich zu
Meinungen
↓ werden zu
Überzeugungen
↓ veranlassen uns zu
Handlungen

Die Sprache ist ein Mittel, um anderen Menschen die eigenen Gedanken, Ideen und Vorstellungen mit Worten zu vermitteln. Sie dient dazu, unsere Modelle von der Welt anderen mitzuteilen und von anderen deren Vorstellungen zu erfahren. So ergänzen wir unser eigenes Weltbild. Achten wir auf die Sprache unseres Gesprächspartners, denn mit ihr beschreibt er uns immer seine Welt. Wir erfahren etwas über sein inneres Denkmodell, seine Denkstrukturen.

Verallgemeinern

Verallgemeinerungen sind Erfahrungen, die wir selbst gemacht oder von anderen übernommen haben.

Sie haben in bestimmten Bereichen Gültigkeit und werden sodann auch auf andere Bereiche übertragen. Unser Handeln läuft dann wie ein Programm nach diesen „allgemeingültigen" Erkenntnissen ab. Dieser Mechanismus ist überlebensnotwendig: Wenn ich als Kind in meiner Heimatstadt gelernt habe, zunächst nach links und dann nach rechts zu sehen, bevor ich über die Straße gehe, macht es Sinn, daß dieses Programm mein Leben lang abläuft, auch wenn ich inzwischen mehrmals umgezogen bin. Bei einem ersten Versuch, eine belebte Straße in einem Land mit Linksverkehr zu überqueren, kann das gleiche Programm lebensbedrohlich werden, weil die Autos aus der „falschen" Richtung kommen. Vergleichbare Programme können für Kunden und Verkäufer so begrenzend wirken, daß dadurch ein für beide gutes Geschäft überhaupt keine Chance hat, zustande zu kommen.

Was Menschen verallgemeinert haben, erkennen Sie an Worten wie:

„man muß"
„man soll"
„man tut"
„grundsätzlich"
„nie"
„immer"
„alle"
„niemand"

Verkäufer hören ihre Kunden sagen:

„Kein Produkt hält, was es verspricht."
„Diese Vertreter sind doch nur auf ihren Umsatz aus."
„Die Versicherungen sind alle Gauner und zahlen nicht."
„Der Service klappt bei Ihnen überhaupt nicht."
„Beratungen kosten nur Geld und bringen nichts."
„Die Verkäufer erzählen einen immer das Blaue vom Himmel."
„Im Garantiefall sehen die Kunden immer alt aus."

Sie können auf Verabsolutierungen mit Fragen reagieren:

„Hält gar kein Produkt, was es verspricht?"

Ihr Gesprächspartner wird jetzt relativieren:

„Bei allen Produkten ist das natürlich nicht so. Viele sind schon echt gut."

Verkaufsleiter hören von Ihren Außendienstmitarbeitern:

„In den Schulferien trifft man niemanden an."
„So kurz vor Weihnachten läuft nichts."
„Nach 16 Uhr sind sowieso keine Kunden mehr da."
„Vor 9 Uhr kann man zu niemanden gehen."
„Bei Regenwetter haben die Kunden alle schlechte Laune."

Sie können auf Verabsolutierungen mit Fragen reagieren:

„Kann man während der Schulferien niemanden antreffen?"

Ihr Gesprächspartner wird jetzt relativieren:

„Na ja, alle sind nicht weg, zumindest nicht gleichzeitig."

›B‹ Selbst Eltern hören bereits von ihren Kindern:

„Der Manfred haut mich immer."
„Die Schule taugt überhaupt nichts."
„Die Lehrer sind alle so streng."
„Die Susi lädt immer nur die Diana zu ihrem Geburtstag ein."

Sie können auf Verabsolutierungen mit Fragen reagieren:	**Ihr Gesprächspartner wird jetzt relativieren:**
„Haut Manfred Dich immer?"	„Nicht immer, nur wenn ich ‚blöder Heini' zu ihm sage."

›B‹ Und der Berater hört von seinem Klienten:

„Ich kann mir absolut nichts merken."
„Die können mich alle nicht leiden."
„Irgendwie mache ich immer alles falsch."
„Heutzutage findet man keine Arbeit mehr."

Sie können auf Verabsolutierungen mit Fragen reagieren:	**Ihr Gesprächspartner wird jetzt relativieren:**
„Können Sie sich absolut nichts merken?"	„Ich habe schon ein gutes Gedächtnis, nur manchmal ..."

Löschen

Ständig nehmen wir eine Vielzahl von Informationen auf.

Nicht alle werden bis in unser Bewußtsein durchgelassen. Diese durchaus sinnvolle Strategie unseres Gehirns verhindert, daß wir ständig die Information „spüren", daß wir zum Beispiel auf einem Stuhl sitzen. Erst wenn durch den harten Stuhl das Sitzen zu unbequem wird, wird die Information „Stuhl spüren" wesentlich und damit in unser Bewußtsein gerückt. Wer oder was bestimmt nun, welcher Teil der gesamten Information „wichtig" und „wesentlich" ist?

Wir sehen die Welt so, wie wir sie sehen wollen.

Kennen Sie jemanden, der immer einen Parkplatz bekommt, wann und wo er ihn auch braucht? Kennen Sie auch jemanden, der von sich behauptet, daß er nie einen Parkplatz findet, wenn er einen braucht? Der eine nimmt wahr, wo gerade jemand einsteigen und losfahren will, und den anderen müssen Sie als Beifahrer erst dreimal darauf hinweisen, daß dort gerade eine Parklücke frei wird.

Wir hören nur das, was wir hören wollen.

Zwei Männer gehen durch eine belebte Straße. Mitten im Verkehrslärm ruft der eine entzückt: „Hörst Du das liebliche Zirpen der Grille!" Der andere hört nur den Straßenlärm. Ihm ist unklar, wie jemand bei diesem Lärm eine Grille hören kann. Der Erste, ein Zoologe, der trainiert ist, die Stimmen aus der Natur zu hören, überlegt, wie er das erklären kann. Da kommt ihm eine Idee: Er nimmt eine Münze aus seiner Tasche und läßt sie unter leisem Klingen auf den Bürgersteig fallen. Sofort drehen sich ein Dutzend Passanten nach der Münze um. „Wir hören, wofür wir uns interessieren", ist seine Erklärung. (Nach Kermit I. Long)

>B< Wir hören die Dinge so, wie sie uns gerade interessieren

Die Sekretärin Frau Müller will gerade das Sekretariat verlassen und zum Mittagessen gehen. Sie möchte in der Kantine mit Freunden etwas besprechen. Da kommt ihr Chef herein und legt ihr den zehnseitigen Verkaufsbericht auf den Tisch mit den Worten: „Gleich nach dem Essen brauche ich davon 20 Kopien." Frau Müller, die in Gedanken schon bei ihren Freunden ist, hört nur, daß sie die 20 Kopien machen soll. Nicht gehört hat sie, daß ihr Chef diese Kopien erst nach seiner Mittagspause braucht. Und er macht regelmäßig eine Stunde später Mittag als sie. Hätte Frau Müller aufmerksam zugehört, hätte sie mitbekommen, daß sie nach ihrer Pause reichlich Zeit hat, um die Kopien zu machen. Sie ist allerdings so mit sich selbst und ihren Gedanken beschäftigt, daß sie – innerlich wütend auf ihren Chef – ihre Pause verschiebt und erst einmal die Kopierarbeiten erledigt. Erst als ihr Chef diese Kopien eine Stunde später immer noch nicht abgeholt hat, ...

Sprachliches Tilgen von Informationen erkennen Sie bei Ihrem Gesprächspartner an unvollständigen Äußerungen wie:

„Mir gefällt das nicht."

„Ich freue mich."

„Ich ärgere mich."

„Ich verstehe nicht."

Helfen Sie Ihrem Gesprächspartner, die gelöschten Informationen wieder ins Bewußtsein zu rücken.

Fragen Sie ihn zum Beispiel:

„Was ist es, was Ihnen nicht gefällt?"

„Was freut Sie?"

„Worüber ärgern Sie sich?"

„Was genau verstehen Sie nicht?"

Verantwortung übernehmen

Hören Sie Formulierungen wie:
„Da hinten kommt ein Briefkasten."
„Mal sehen, was auf mich zukommt."
Oder: „Ein Unglück kommt selten allein."

Sicher, wenn ich einen Brief in der Hand halte, der in den Briefkasten soll, dann stimmen die meisten noch zu, wenn ich behaupte, daß der Briefkasten nicht zu mir kommt, sondern daß statt dessen ich auf den Briefkasten zugehen muß.

Und wie ist das mit dem Tag, an dem etwas auf mich zukommt? Oder gehe ich auf die Ereignisse zu?

Wer glaubt, sein Schicksal nicht selbst in die Hand nehmen zu können, wird sich immer wieder beweisen, daß er fremdbestimmt wird. Für sich selbst die Verantwortung übernehmen heißt, erst einmal daran glauben, daß jeder sein Schicksal mehr in der Hand hat, als er bisher angenommen hat.

Ein erster Schritt dazu ist, den eigenen Wortschatz zu entrümpeln. So können Sie Ihr Unterbewußtsein an eine neue Einstellung „gewöhnen". Schließlich sind es die unbewußten Bereiche, die zum großen Teil unser Verhalten beeinflussen.

Formulieren Sie die folgenden Aussagen um, indem Sie die Verantwortung übernehmen:

„Meine Zeit ist knapper geworden."	**Sie:**	____________
„Das läßt mein Terminkalender nicht zu."	**Sie:**	____________
„Der Alltag holt mich ein."	**Sie:**	____________
„Die Auftragslage hat sich verbessert."	**Sie:**	____________
„Die Preisdiskussion bricht aus."	**Sie:**	____________
„Die Demotivation geht um."	**Sie:**	____________

So könnte Ihre Lösung aussehen:

„Meine Zeit ist knapper geworden."	**Sie:**	Ich habe zuviel übernommen.
„Das läßt mein Terminkalender nicht zu."	**Sie:**	Ich bin Sklave meines Terminkalenders.
„Der Alltag holt mich ein."	**Sie:**	Ich verfalle in den gewohnten Trott.
„Die Auftragslage hat sich verbessert."	**Sie:**	Ich habe mehr Termine gemacht.
„Die Preisdiskussion bricht aus."	**Sie:**	Ich habe ihm den Kundennutzen nicht deutlich genug gemacht.
„Die Demotivation geht um."	**Sie:**	Ich motiviere meine Mitarbeiter nicht genug.

Nachdem Sie die Verantwortung von äußeren Zwängen weg auf sich selbst übertragen haben, ergeben sich für Sie Möglichkeiten zur Veränderung:

- Wie kann ich besser delegieren?
- Wie konzentriere ich mich auf das Wesentliche?
- Wie behalte ich neue Gewohnheiten bei?
- Wie komme ich zu mehr Aufträgen?
- Wie kann ich den Kundennutzen deutlicher machen?
- Wie kann ich meine Mitarbeiter besser motivieren?

Verzerren

Alles ist im Fluß, wir leben in einer sich ständig verändernden Welt.

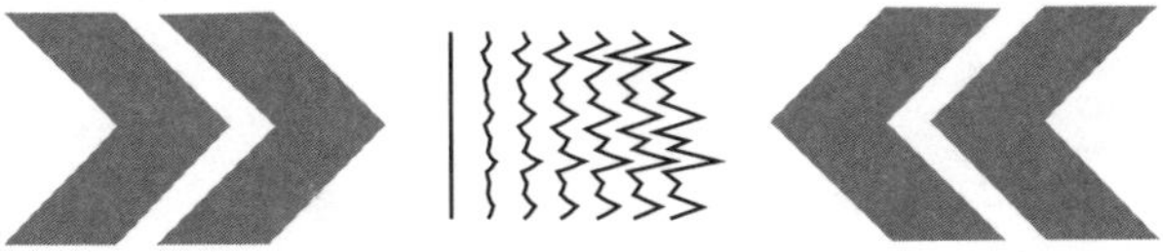

Das einzige, was beständig ist, ist die Veränderung. Dennoch streben Menschen nach Stabilität. Stabilität bedeutet Sicherheit, bedeutet, daß sich bestimmte Situationen zumindest auf ähnliche Weise wiederholen, so daß auf bewährte Verhaltensmuster zurückgegriffen werden kann. Dieses Streben nach Stabilität bedeutet Streben nach festen Zuständen. Das spiegelt sich auch – und besonders – in unserer Sprache wider, die ein Ausdruck unseres Unbewußten, unserer inneren Bilder und damit unserer Wahrnehmung ist.

So ist es ein Unterschied, ob jemand sagt:

„Ich bin zu der Erkenntnis gekommen, daß die Welt so und so ist."	oder	„Ich erkenne die Welt."
„Ich möchte meinem Bedauern Ausdruck verleihen."	oder	„Ich bedaure, daß..."
„Ich habe Sorgen."	oder	„Ich sorge mich."

Wer die Vorgänge in einer Welle untersucht, könnte formulieren: „Das Wasser wellt." Die Formulierung erscheint uns merkwürdig. Verläuft eine Ehe nicht so, wie wir uns das einmal vorgestellt haben, dann kann es auch daran liegen, daß wir unbewußt die Ehe als ein statisches Ding angesehen haben und nicht als das, was sie ist: eine Aufgabe, eine Tätigkeit, ein Prozeß. Tatsächlich klingt es ungewöhnlich, wenn jemand formuliert: „Ich ehe" oder „Du ehest" statt: „Meine Ehe ist so und so."

Überblick

Verallgemeinern

Erfahrungen, die wir selbst gemacht oder von anderen übernommen haben, sind zu erkennen an:

- man muß; man soll; man tut; grundsätzlich; nie; alle; immer; niemand

Löschen

- Wir sehen die Welt so, wie wir sie sehen wollen.
- Wir hören nur das, was wir hören wollen.
- Wir hören die Dinge so, wie wir sie hören wollen.

Verantwortung

Kommen die Dinge auf uns zu, oder gehen wir auf die Dinge zu?
Nur das können wir verändern, wofür wir zuvor selbst die Verantwortung übernommen haben.

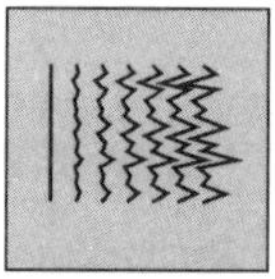

Verzerren

Alles ist im Fluß. Wir leben in einer sich immer schneller verändernden Welt. Substantivierung schreibt Dinge fest. Verben lassen Veränderung zu.

Gedanken verdichten sich zu Meinungen, werden zu Überzeugungen und veranlassen uns zu Handlungen.

Die Worte, die ein Mensch benutzt, sind Ausdruck seines Unterbewußtseins, seines inneren Modells, das er von der Welt hat.

Aktives Zuhören

Die Technik der partnerorientierten Gesprächsführung

Die Methode des AKTIVEN ZUHÖRENS als eine Möglichkeit, das Gespräch nicht-direktiv zu führen, hat Carl Rogers für die Psychotherapie entwickelt. Aufgabe von Psychotherapeuten ist es, dem Klienten oft stundenlang zuzuhören. So kann sich der Klient öffnen, angestaute Gefühle in Worte fassen und dadurch geistig verarbeiten.

In geschäftlichen Situationen erzielen aktive Zuhörer einen ähnlichen Effekt. Der Gesprächspartner öffnet sich mehr, läßt also los und verbessert dadurch seinen momentanen emotionalen Zustand. Seine Grundstimmung wird besser, er fühlt sich wohler und motivierter.

Aktives Zuhören
ist die Voraussetzung für ein echtes Gewinner-Gewinner-Ergebnis in Verhandlungen, weil es die Hintergründe beider Seiten durch gegenseitiges Verstehen klärt.

Aktives Zuhören
ermöglicht, den anderen besser zu verstehen, sowohl im privaten als auch im geschäftlichen Bereich. Die wahren Motive und Bedürfnisse des Gesprächspartners werden sichtbar, individuell angepaßte Angebote können präsentiert werden.

Es führt zu positiveren zwischenmenschlichen Beziehungen, weil eine partnerschaftliche Konfliktlösung möglich wird, die beide Partner befriedigt.

Aktives Zuhören
ist ein wesentliches Kommunikationsinstrument für professionelle Berater, Verkäufer und Führungskräfte, aber auch für Eltern und Erzieher. Kurz gesagt: für alle Menschen, die mit anderen Menschen umgehen.

Aktives Zuhören
fördert darüber hinaus den schöpferischen Prozeß bei der Selbstfindung und Selbstverwirklichung.

Beim Anwenden der Spielregeln für aktives Zuhören geben Sie den unbewußten Bereichen Ihres Gesprächspartners Signale für Vertrauen und Sympathie.

Das Unbewußte ist unlogisch und gehorcht weitestgehend blind bestimmten archetypischen Prinzipien. So tut es zum Beispiel alles, um Unlustgefühle zu vermeiden, und sehr viel, um Genuß zu gewinnen. Das ist es, was sich unter der Oberfläche eines scheinbar rational geführten Gespräches abspielt.

Zwei weitere Steuerprinzipien unseres Unterbewußtseins, die das Käuferverhalten beeinflussen

Das Pars-pro-toto-Prinzip

Ein Teil einer Sache steht für die ganze Sache. Der Kunde betrachtet das Ganze und den Teil wesensgleich. Wenn er den Verkäufer mag, dann ist oft auch sein Produkt gut. Dem Unterbewußtsein ist es egal, welchen Teil es bekommt, den Verkäufer oder sein Produkt. Es will einfach nur haben. Ein schweißdurchtränktes Taschentuch von Elvis Presley wird von seinen Fans verehrt, als wäre es der Künstler selbst. Andere werden durch eine Anstecknadel zum Teil ihrer Firma. Ein Mitarbeiter wird nach seinem Auto eingeschätzt. Und das Pars-pro-toto-Prinzip ist mit ein Grund, warum einige Strukturvertriebe ihre neuen Mitarbeiter zunächst im Bekanntenkreis verkaufen lassen.

› Das Vergeltungsprinzip

Gleiches wird mit Gleichem vergolten. Dabei spüren wir, eine Verpflichtung zu geben, eine Verpflichtung zu nehmen und eine Verpflichtung zu vergelten.

Ein alltägliches Beispiel: Sie verreisen für zwei Wochen und bitten Ihre Nachbarin, bei Ihnen die Blumen zu gießen. Selbstverständlich erklärt sich die Nachbarin dazu bereit (Verpflichtung zu geben). Während Ihrer Reise kommt Ihnen der Gedanke, der Nachbarin doch eine Kleinigkeit mitzubringen (Verpflichtung zu vergelten). Ihre Nachbarin sagt bezüglich des Präsentes zunächst, daß es doch nicht nötig gewesen wäre, es sei doch selbstverständlich, daß sie die Blumen gegossen habe. Sie nimmt das Präsent dann aber doch (Verpflichtung zu nehmen), und Sie haben damit den Grundstein gelegt, daß sich Ihre Nachbarin bei der nächsten Reise wieder um die Blumen kümmert. Übrigens können Sie das nächste Mal Ihre Wünsche an Ihre Nachbarin vorsichtig vergrößern: den Briefkasten leeren, Sendungen von der Post abholen, für Ihre Rückkehr etwas einzukaufen ... Einmal verpflichtet, fällt es ihr schwer, nein zu sagen.

Aus diesen beiden Prinzipien ergibt sich folgende Beeinflussungsmöglichkeit durch aktives Zuhören:

Der unbewußte Bereich der Welt der Gefühle wird angesprochen, erfährt Resonanz. Nach dem Vergeltungsprinzip öffnet sich der Klient, Kunde oder Gesprächspartner, es entstehen Vertrauen und Sympathie zum Verkäufer oder Berater. Das Unbewußte des Kunden verliebt sich in den Verkäufer, will ihn haben. Und wenn der Verkäufer in Ordnung ist, dann ist auch sein Produkt in Ordnung: Pars pro toto.

Türöffner – oder: Reden ist Silber, Schweigen ist Gold

Die folgenden Aufmerksamkeitsreaktionen öffnen die Tür zum Gesprächspartner, fordern ihn auf, weiterzusprechen.

Sie überlassen dem Gesprächspartner den Ball und übermitteln, daß Sie ihn achten und als Person annehmen. Solange Ihr Partner spricht, zeigen Sie nur nonverbale Reaktionen:

Augenkontakt Gute Zuhörer „hören" auch mit den Augen zu, lassen ihren Blick nicht umherschweifen, zentrieren ihren Blick in den Augen des anderen. Zu einem angenehmen Blick gehört auch ein natürliches Augenzwinkern. Zu häufiges Zwinkern wirkt nervös, und zu seltenes wird als Starren empfunden.

Gesichtsausdruck Außer Lächeln vermitteln auch andere Gesichtsausdrücke, inwieweit der Zuhörer am Gespräch beteiligt ist. Hochgezogene Augenbrauen, Stirnrunzeln oder herunterhängender Unterkiefer senden dem Sprecher Signale. Auch ein ausdrucksloses Gesicht zerstört schnell die Kommunikation.

Kopfnicken Kopfnicken ermutigt den Sprecher, weiter zu reden. Vermeiden Sie allerdings übertriebenes Nicken.

Körper zuwenden Ihre Körperhaltung signalisiert dem Sprecher, wie sehr Sie bereit sind, ihm zuzuhören, ob Sie aufnahmefähig sind. Aufnahmefähig sind Sie, wenn Sie sich dem Sprecher zuwenden, Ihr Körper ihm zustrebt, Ihr Kopf leicht geneigt ist und Sie die richtige Körperdistanz einnehmen. Bei einer offenen, natürlichen und entspannten Körperhaltung sollten Überkreuzungen der Füße, Beine oder Arme vermieden werden.

Schweigen Wenn Ihr Partner aufhört zu reden, machen Sie zunächst eine Pause von drei Sekunden. Oft will er gar nicht, daß Sie etwas sagen, und er redet nach dieser Pause von selbst weiter. Wer schweigt, der stellt keine Ansprüche an den Sprecher. Schweigen bietet Ihrem Gesprächspartner daher die Möglichkeit, seine Gedanken fließen zu lassen, bevor er weiterspricht. Viele Zuhörer haben das Gefühl, etwas sagen zu müssen, wenn ein „Gesprächsloch" entsteht. Tatsächlich aber fühlt sich der Sprecher durch das Schweigen nicht gedrängt und redet dadurch freier weiter.

Sprachliche Äußerungen Mit verbalen Äußerungen wie „Hm", „Aha", „Oh", „Ja", „Richtig", „Interessant", „Erzählen Sie mehr darüber", „Ich verstehe" zeigen Sie, daß Sie interessiert sind und daß Sie Anteil nehmen. Sie fordern Ihren Gesprächspartner dadurch auf, seine Gedanken fortzusetzen.

Spiegeln – oder: Inhalt mit eigenen Worten neu formulieren

Sie signalisieren Ihrem Gesprächspartner, daß Sie auf das achten, was er sagt.

Geeignete Anfänge sind:

„Sie meinen, daß ..."
„Sie glauben, daß ..."
„Sie denken, daß ..."
„Darf ich kurz wiederholen, damit ich sicher bin, daß ich Sie richtig verstanden habe ..."

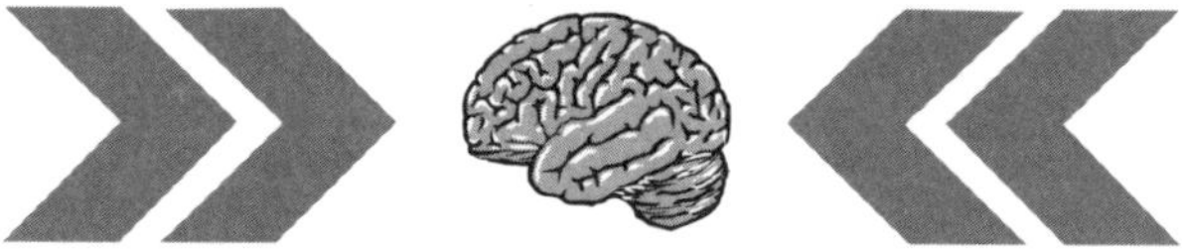

Sie erbringen den Beweis, daß Sie den Inhalt tatsächlich gehört haben. Jetzt können Sie mit der sachlich-logisch-analytischen linken Gehirnhälfte über das Gesagte nachdenken. Sie geben dem Gesprächspartner Ihre Fassung des Inhalts. Jetzt hat er eine Vergleichsmöglichkeit mit dem, was er gesagt hat, und kann gegebenenfalls ergänzen und Mißverständnisse korrigieren.

Dazu können Sie Formulierungen benutzen wie:

„Einerseits wollen Sie ..., andererseits ist auch wichtig ..."

„An sich haben Sie beschlossen ..., aber ..."

Zum Formulieren mit eigenen Worten gehört auch die zusammenfassende Wiederholung der Kernaussagen nach einem längeren Gesprächsabschnitt oder zu Gesprächsende.

Sie können die Aussagen Ihres Gesprächspartners auch präzisieren und eventuell beobachtete Entscheidungsschwierigkeiten gegenüberstellen.

Gefühle formulieren – oder: Ich sage Dir, wie Du Dich fühlst

Als aktiver Zuhörer achten Sie besonders auf die Selbstoffenbarung Ihres Gesprächspartners (siehe Vier-Ohren-Modell ab Seite 61).

Sie fühlen sich dadurch in seine Gefühls- und Gedankenwelt nicht-wertend ein. Auch wenn er überwiegend auf der Sachebene argumentiert, versuchen Sie, die dahinter mitschwingenden Gefühle und Einstellungen herauszuhören und zu formulieren.

Dabei sprechen Sie in kurzen Sätzen aus, was Ihr Gesprächspartner fühlt. Das hat zwei Vorteile:

1. Indem Sie seine Gefühle und Einstellungen formulieren, wozu er selbst vielleicht gar nicht in der Lage wäre, hat er seine Befindlichkeit direkter vor Augen. So kann er sich besser damit auseinandersetzen und kommt zu einem besseren Verständnis seiner selbst.
2. Bevor Sie Ihre eigenen Gedanken äußern, fühlen Sie sich zunächst in die Welt des anderen ein und sehen sie mit seinen Augen.

So sprechen Sie die Gefühle in Form eines Statements an:

- „Sie sind zufrieden ... fröhlich ... begeistert ... ängstlich ... lustlos ... beunruhigt ... gespannt ... aufgeregt ... wütend."
- „Sie fühlen sich einsam ... unter Druck ... überrumpelt ... vernachlässigt ... überfordert ... hereingelegt ... geneppt."
- „Sie haben Hemmungen ... Zweifel ... Angst ... Hoffnung ... Verantwortungsgefühl ... Schuldgefühle ... Mitleid."
- „Das freut Sie ... beruhigt Sie ... beschäftigt Sie ... bedrückt Sie ... belastet Sie ... beglückt Sie."

Dabei ist es nicht einmal wichtig, daß Sie das Gefühl Ihres Gesprächspartners genau treffen. Sollten Sie mit Ihrem Statement danebenliegen, wird Sie Ihr Gesprächspartner schon korrigieren.

Kunde: „Meine Frau hat mich gestern verlassen."
Berater: „Das beschäftigt Sie sehr."
Kunde: „Ja, ich überlege, was ich falsch gemacht habe."

Oder

Kunde: „Meine Frau hat mich gestern verlassen."
Berater: „Das beschäftigt Sie sehr."
Kunde: „Eigentlich nicht, ich bin sogar froh darüber."

Emotional vertiefende Fragen – oder: Ich frage Dich, wie Du Dich fühlst

Fragen stellen ist eine wichtige Gesprächstechnik.

Es gilt: Wer fragt, der führt und lenkt das Gespräch in von ihm bestimmte Bahnen.

Gute Frageformen sind dabei:

- **die Entscheidungsfragen**
  zum Beispiel: „Möchten Sie lieber ein oder zwei Eier zum Frühstück?"
- **die öffnenden Fragen**
  zum Beispiel: „Wie meinen Sie das?"

Solches Hinterfragen führt bei rein sachlichen Auseinandersetzungen oft zur Klärung.

Sobald jedoch Emotionen im Spiel sind, kann sich der Gesprächspartner dadurch in die Enge getrieben fühlen. Er verteidigt oder verhärtet gar seinen Standpunkt. Von ihm vorgebrachte Argumente sind jetzt Vorwände.

Viele Menschen haben nicht etwa eine Meinung, weil sie dafür Gründe haben, sondern sie finden Gründe, weil sie eine bestimmte Meinung haben.

Ursache

Im Gegensatz zu dieser „normalen" Fragetechnik, bei der wir zumeist Fragen auf der Sachebene stellen, sind emotional vertiefende Fragen immer Fragen nach Gefühlen:

„Was bedeutet Ihnen das?"
„Was bewegt Sie?"
„Was für ein Gefühl haben Sie?"
„Was gibt Ihnen das?"
„Was empfinden Sie dabei?"

Der Gesprächspartner formuliert jetzt seine Befindlichkeit, verläßt die reine Vordergründigkeit und dringt zu tieferen, wahren Beweggründen, Motiven, Hoffnungen oder Ängsten vor.

Sogar die Frage: „Möchten Sie lieber nicht darüber reden?" kann den Gesprächspartner bewegen, sich emotional weiter zu öffnen.

Außerdem: Werden Sie hellhörig bei Äußerungen Ihres Gesprächspartners wie: „eigentlich, vielleicht, irgendwie, unter Umständen, prinzipiell, an und für sich, im großen und ganzen, möglicherweise."

Hier findet ein Abwägungsprozeß statt. Es lohnt sich, dabei vertiefend nachzufragen:

„Im ‚großen und ganzen' bedeutet für Sie ...?"
„Sie sagten ‚prinzipiell' ...?"
„Welche Umstände meinen Sie?"

Warum-Fragen, so wichtig sie bei der Ursachenfindung sind, sollten im Sinne des aktiven Zuhörens allerdings vermieden werden, weil sie häufig einen Anschuldigungs-Rechtfertigungs-Mechanismus einleiten.

Überblick

Aufmerksamkeits-reaktionen als Türöffner

- Blickkontakt
- verständnisvolles Nicken mit dem Kopf
- verbindliches Zuwenden des Oberkörpers
- ähnliche Körperhaltung
- „Hm", „Tatsächlich"
- „Das interessiert mich"

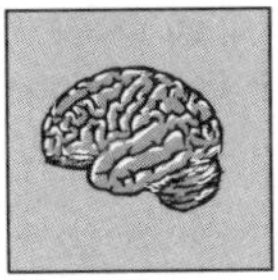

Inhalt mit eigenen Worten neu formulieren

- „Sie meinen, daß ..."
- „Sie glauben, daß ..."
- „Sie denken, daß ..."
- „Ich möchte einmal kurz zusammenfassen ..."
- „Wenn ich Sie richtig verstanden habe, ..."
- „Einerseits ... andererseits ..."

Gefühle formu-lieren

- „Sie sind: zufrieden, fröhlich, begeistert, heiter, ängstlich, verzweifelt, gespannt, lustlos, besorgt, enttäuscht, beleidigt, wütend, mistrauisch, neugierig ..."
- „Sie fühlen sich: eingeengt, unter Druck, überflüssig, überfordert, bedrängt, ..."
- „Sie haben Hemmungen, Zweifel, Angst, Hoffnung, ..."
- „Das freut Sie."
- „Das beruhigt Sie."
- „Das begeistert Sie ..."

emotional vertiefende Fragen

- „Was bedeutet Ihnen das?"
- „Was bewegt Sie?"
- „Möchten Sie lieber nicht darüber reden?"
- „Was meinen Sie mit eigentlich"?

(Warum-Fragen vermeiden)

Gesprächspartner: „Mir reicht's, der Kunde ist wirklich unmöglich!"
Aktiver Zuhörer: „Sie sind wirklich über den Kunden frustriert."

Der ideale ganzheitliche Ansatz:
Fassen Sie in Ihrer Zuhörreaktion die zweite und dritte Spielregel zusammen, formulieren Sie also den Inhalt neu und reflektieren Sie die Gefühle. Damit bestätigen Sie ihm, daß Sie verstanden haben, was er denkt und fühlt.

Aktives Zuhören in der Mitarbeiterführung

›B‹

Ihrem Mitarbeiter (MA), der für Sie auf Provisionsbasis arbeitet, ist soeben eine neue Arbeit angeboten worden, bei der er das Doppelte seines jetzigen Einkommens als Festgehalt bekommt. Seine besonders hohe Motorik und Gereiztheit an diesem Tag läßt Sie aufmerksam werden, und Sie sagen zu ihm:

„Sie sind so aufgewühlt. Was bewegt Sie?"

MA: „Mir hat man eben eine Stelle angeboten, wo ich das Doppelte meines jetzigen Einkommens als Festgehalt verdienen kann."

Sie: „Und das arbeitet jetzt in Ihnen."

MA: „Das können Sie sich ja sicherlich vorstellen."

Sie: „Sie reizt das Angebot."

MA: „Irgendwie schon."

Sie: „Sie wägen das Für und Wider ab."

MA: „Richtig. Einerseits lockt natürlich das sichere Geld, nur auf der anderen Seite denke ich, daß ich langfristig gesehen hier mehr Erfolg habe."

Sie: „Sie suchen Sicherheit **und** Erfolg."

MA: „Das wäre der Traum."

Sie: „Sie fühlen sich unsicher."

MA: „Nicht direkt unsicher. Aber irgendwie möchte ich auch gern eine Größe haben, von der ich weiß, soviel Geld ist da, das kann ich ausgeben, und einen bestimmten Teil spare ich monatlich."

Sie: „Sie würden sich sicherer fühlen, wenn Sie wüßten, soundsoviel kommt jeden Monat garantiert."

MA: „Ja, so eine Art Mindesteinkommen."

Sie: „Ein garantiertes Mindesteinkommen ist Ihnen wichtig."

MA: „Schließlich habe ich ja auch eine Familie."

Sie: „Sie fühlen sich verantwortlich für Ihre Familie."

MA: „Wenn's nur um mich ginge, dann bräuchte ich nur ein Bett, einen Schrank, eine Dusche, was zu Essen und ordentliche Klamotten. Das Auto natürlich nicht zu vergessen."

Sie: „Sie allein würden schon klarkommen. Sie suchen die Sicherheit für Ihre Familie."

MA: „Dabei weiß ich, daß es Sicherheit nicht gibt. Und wenn ich mein Geld in dem anderen Job nicht wert bin, werfen die mich auch wieder raus. Stimmt schon. Danke, ich glaube, jetzt sehe ich wieder klarer."

Aktives Zuhören im Verkauf ›B‹

In folgendem Gespräch veranlaßt der Verkäufer einer Trainingsfirma seinen potentiellen Kunden zur Entwicklung seiner Gedanken. Ohne selbst Stellung zu beziehen, wiederholt er verkürzt sinngemäß die Aussagen des Gesprächspartners. Der Kunde wird in seinen Ansichten uneingeschränkt akzeptiert, und die Gesprächsführung bleibt bei ihm. Bei ihm bleibt auch die Verantwortung, daß er das Richtige tut. Diese für den Kunden ungewohnte Position läßt ihn für sich völlig neue Blickpunkte entwickeln:

Kunde: „Ich kann für meine drei Mitarbeiter nicht ein extra Telefontraining buchen, das wird mir einfach zu teuer."

Verkäufer: „Für drei Mitarbeiter ein Inhouse-Training einzukaufen, rechnet sich nicht für Sie."

Kunde: „Ich will sie aber auch nicht zu irgendeinem offenen Seminar schicken."

Verkäufer: „Ein Ihnen unbekanntes offenes Seminar ist auch nicht das Richtige für Ihre Mitarbeiter."

Kunde: „Es ist ganz einfach so: Ich glaube nicht, daß solch ein Seminar die Spezifika meiner Firma berücksichtigen kann."

Verkäufer: „Sie wollen nicht irgendein Seminar, sondern eines, das spezifisch auf Ihre Firma zugeschnitten ist."

Kunde: „Ja, wissen Sie, der Trainer müßte erst einmal sehen, was in meiner Firma überhaupt abläuft."

Verkäufer: „Sie hätten es gern, daß der Trainer zunächst eine Art Hospitation bei Ihren Mitarbeitern macht."

Kunde: „Ja, nur so erfährt er den augenblicklichen Entwicklungsstand meiner Mitarbeiter und könnte ganz spezifisch auf jeden einzelnen eingehen."

Verkäufer: „Durch diese individuelle Betreuung wäre ein Telefontraining für Ihre Mitarbeiter von hoher Effizienz."

Kunde: „Genau. Bei einer solchen Vorgehensweise wäre ich gern bereit, mit Ihnen ins Geschäft zu kommen."

Man sollte so zuhören können, daß anderen Leuten von selbst gescheite Gedanken kommen.

Zuhörbarrieren

Die Art und Weise, wie wir zuhören, kann Brücken bauen, kann aber auch zur Barriere werden. Wir sollten uns immer bewußt darüber sein, was wir mit unserer Art zuzuhören erreichen, und ob es genau das ist, was wir erreichen wollen.

Wir hören normalerweise aus unserem eigenen Denkrahmen heraus zu. Dieses autobiographische Zuhören (Bezeichnung nach Covey) zeigt sich in vier typischen Zuhör-Reaktionen:

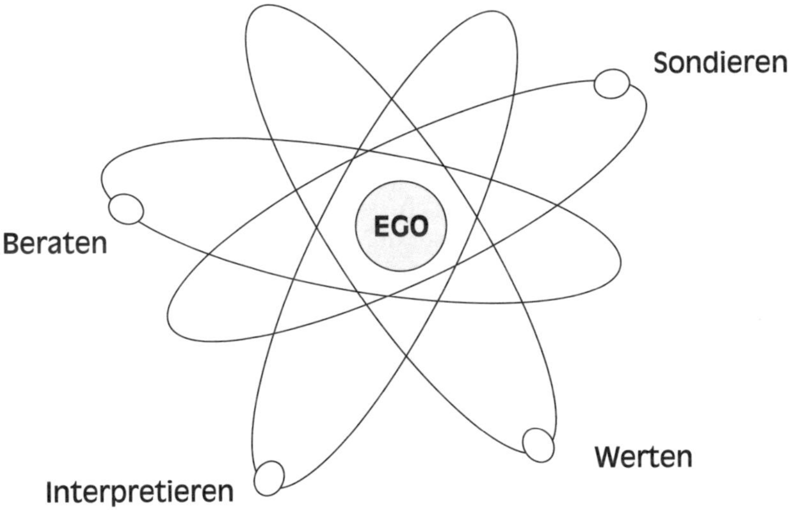

Ich rede. Du redest. Er, sie, es redet ... Und wer hört zu?

Werten

Beim **Werten, Kritisiern, Urteilen, Moralisieren** geht es uns immer darum, entweder unsere Zustimmung oder unsere Ablehnung zu dokumentieren.

Nicht nur die negative Bewertung richtet Schaden an. Auch ein positiv gemeintes Urteil kann sich ins Gegenteil kehren.

B

In einem Seminar spielte sich folgendes ab:

Ein Seminarteilnehmer sagte während einer Übung zu einer 26jährigen Teilnehmerin: „Sie haben diese jugendliche Frische." Die Frau erblaßte, fing an zu weinen und wirkte ziemlich verzweifelt. Eine ungewöhnliche Reaktion für ein Kompliment? Der junge Mann war natürlich erschrocken und zugleich ratlos. Was hatte er denn getan? Er wollte doch nur etwas Positives sagen!
Erst in einer der nächsten Pausen erfuhr er, daß die Frau alleinstehend mit zwei Kindern ist und von ihren Eltern ständig vorgeworfen bekommt, wohl nie erwachsen zu werden.

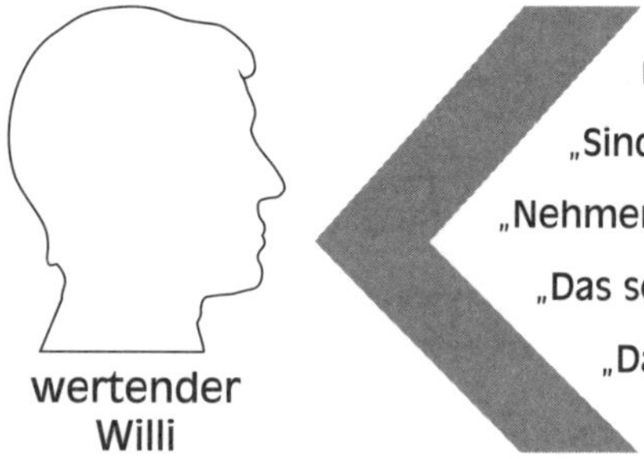

wertender Willi

„Das hätten Sie besser nicht machen sollen."

„Sind Sie sich darüber im klaren, daß ..."

„Nehmen Sie sich das nicht so zu Herzen."

„Das sehen Sie falsch."

„Das ist schlecht."

„Das ist gut."

Sondieren

Beim **Sondieren**, **Forschen** oder gar **Verhören** stellen wir Fragen aus dem eigenen Bezugsrahmen heraus. Wir geben also mehr von uns preis, als wir von dem anderen erfahren.

Sondieren ist logisch. Diese Strategie der klassischen Fragetechnik führt zu einer sachlichen Vertiefung des Gesprächs. Sie wissen längst: Wer fragt, der führt und gibt dem Gespräch eine bestimmte Richtung. Schwingen jedoch unausgesprochene Emotionen mit, dann kommen wir mit der Sprache der Logik nicht weiter.

Die Gefühle sind irrational, und so kommt es, daß wir stundenlang Frage-Antwort spielen können, ohne zu erfahren, was den anderen tatsächlich bewegt. Anstelle der sachlichen Auseinandersetzung wird die Verteidigung des Selbstwertgefühls immer wichtiger. Unser Gesprächspartner findet dann immer neue Gründe für seinen Standpunkt. Wir können uns nur noch wundern, daß der Kunde so fest auf seine Meinung schwört und die unlogischsten Gründe (er)findet.

„Haben Sie das denn schon einmal probiert?"

„Warum haben Sie das getan?"

„Wer hat Sie beeinflußt?"

„Haben Sie schon mit irgend jemandem darüber gesprochen?"

„Wie ist denn das passiert?"

verhörende Vera

Interpretieren

Beim **Interpretieren** (Analysieren) geht es um den Versuch, aus anderen schlau zu werden.

In einem Reisebüro versucht der Expedient die Motive des Kunden aus seiner Welt- oder Problemsicht heraus zu erklären:

Kunde: „Ich nutze jede Gelegenheit, meine Freizeit am Wasser zu genießen. Meinen diesjährigen Sommerurlaub möchte ich deshalb dazu nutzen, einmal selbst als Kapitän auf einem Schiff herumzuschippern ...“ „Aha, ich verstehe“, unterbricht ihn der Expedient, „Sie möchten vor der Küste Schleswig-Holsteins oder Mecklenburg-Vorpommerns einen Segelurlaub machen. Wir vermitteln aber keine Haus- oder Segelboote, da müssen Sie sich direkt an einen Bootsverleih oder an einen Segelclub wenden.“

So einfach ist es, ein Mißverständnis zu produzieren, denn der Kunde wollte keineswegs vor der deutschen Küste Segeln gehen. Er wollte eher im Mittelmehr vor der spanischen oder französischen Küste kreuzen, mit einem soliden Motorboot.

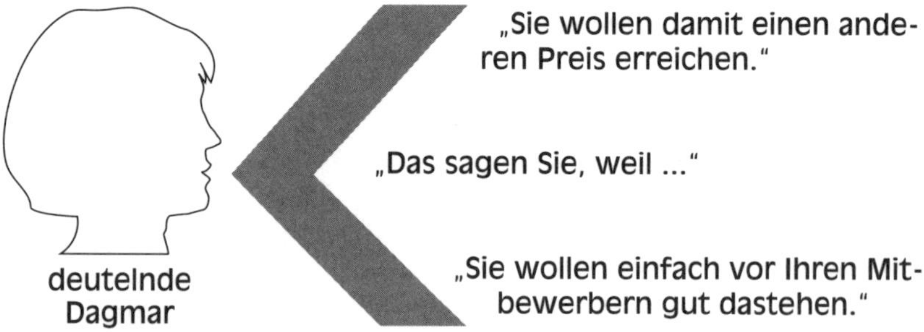

Beraten

Beraten, Lösungen anbieten, Ermahnen ebenso wie **Beruhigen** bedeutet soviel wie Ratschläge geben, die aus der eigenen Erfahrung stammen und oftmals wenig mit meinem Gesprächspartner zu tun haben.

Solange die Antworten des zu Beratenden logisch sind, kann der Berater effektiv Fragen stellen und auch Ratschläge geben. Werden die Antworten jedoch emotional, sollte er sofort zurückgehen zum mitfühlenden Zuhören.

Man kann einem Menschen nichts beibringen, man kann ihm nur helfen, es in sich selbst zu entdecken (und zu entwickeln).

Galileo Galilei

„Sie müssen das so machen."

„Da müssen alle mal durch."

„Ich an Ihrer Stelle ..."

„Warum versuchen Sie es nicht auf diese Art ..."

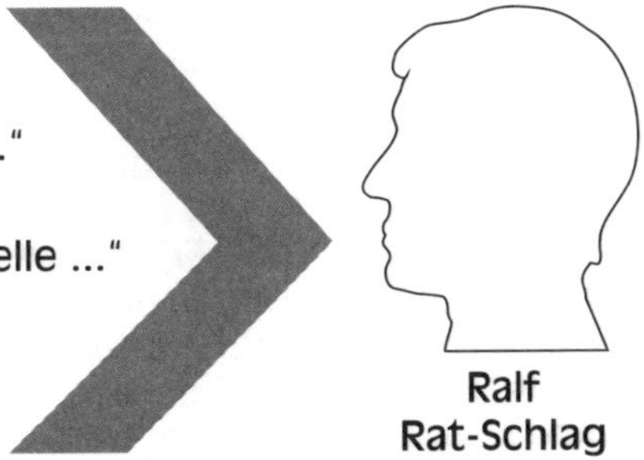

Ralf
Rat-Schlag

Mögliche Wege eines Rat-Schlages

A berät B:

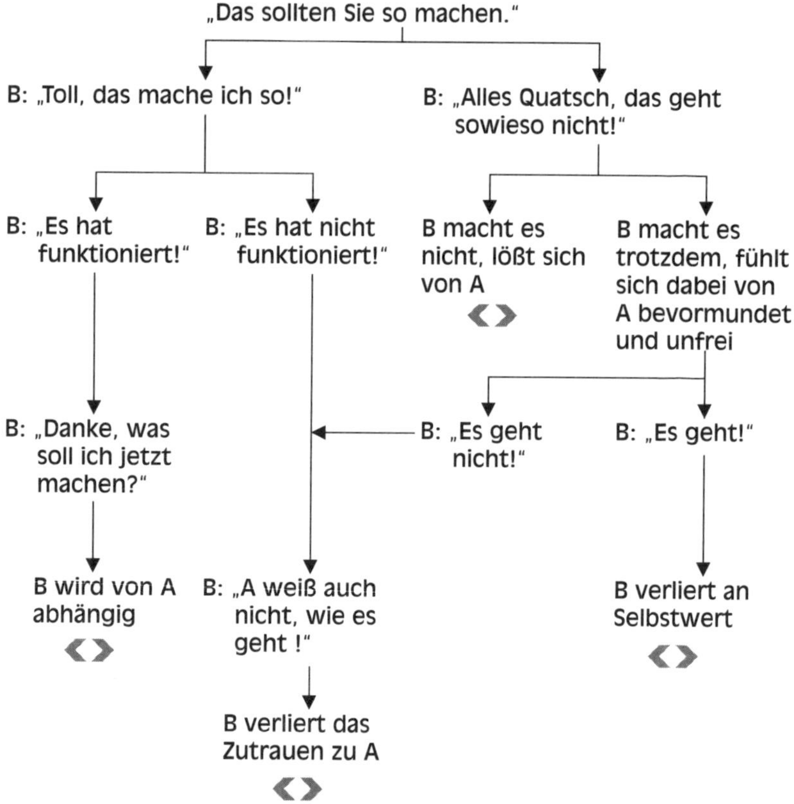

Jeder Rat ist immer dann ein Schlag, wenn er die derzeitige Entwicklungsstufe des zu Beratenden vernachlässigt, wenn der Berater seine eigene Erkenntnisstufe auf andere überträgt. Ein Rat kann darum immer nur ein Angebot sein für den, der darin eine Anziehungskraft entdeckt. Jemandem Wahrheiten mit Druck überstülpen, ihn also überzeugen zu wollen, ist daher eine geistige Vergewaltigung.

Umgang mit „schwierigen" Zuhör-Typen

Tagträumer

Er ist zwar körperlich anwesend, aber nicht geistig. Zu erkennen ist er an seinem abwesenden Blick. Er nimmt mal hier und mal da ein paar Informationen auf, läßt sich leicht ablenken und wechselt spontan das Thema. Am ehesten bekommen Sie seine Aufmerksamkeit, indem Sie über seine Interessen sprechen.

Ständiger Kritiker

Er ist an seinem Stirnrunzeln und am ungläubigen Rollen mit den Augen zu erkennen. Er stellt unverhofft Fragen. Damit treibt er seinen Gesprächspartner in die Enge. Ständig ist er beim Bewerten, urteilt voreilig und kann nur begrenzt Augenkontakt halten. Lockeres Plaudern mit ihm ist unmöglich. Oft klagt so ein unaufhörlicher Kritiker darüber, daß ihn seine Mitarbeiter meiden oder ihm Informationen vorenthalten. Warum sollten sie ihm auch alles erzählen, wenn er doch sowieso nicht zuhört? Möchten Sie, daß er Ihnen zuhört, dann sprechen Sie mit ihm nur über den großen Überblick, nicht aber über Details. Andernfalls wird er Ihnen an unwichtigen Details die ganze Sache zer-kritisieren.

Kurz Angebundener

Er scheint geduldig zu sein, und es sieht so aus, als würde er verstehen. Man weiß bei ihm jedoch nie so genau, ob er wirklich verstanden hat. Seine wahre Meinung hält er gern hinterm Berg. Er täuscht Aufmerksamkeit vor. In Gedanken beschäftigt er sich mit anderen Dingen. Während er zustimmend nickt, sagt er innerlich „nein". Er benutzt kurze Phrasen wie: „Ja", „Gut", „Ich verstehe", „Klar". Einem solchen Gesprächspartner stellen Sie Fragen, offene Fragen, die ihn herausfordern, seine Meinung zu artikulieren.

Überblick

	**Werten**	• kritisieren • urteilen • moralisieren ...	**zustimmen oder anderer Ansicht sein**
	**Sondieren**	• forschen • verhören	**Fragen stellen aus dem eigenen Bezugsrahmen heraus**
	**Interpretieren**	• analysieren	**Versuch, aus Leuten schlau zu werden, indem wir ihre Motive und ihr Verhalten aus unserem eigenen erklären**
	**Beraten**	• belehren, • beruhigen, • predigen, • ermahnen, • Lösungen anbieten	**einen Rat geben, der auf eigenen Erfahrungen beruht**

Aktives Zuhören geht mit der Realität im Kopf und im Herzen anderer um, es trägt uns in den Bezugsrahmen des Gesprächspartners hinein.

Im Gegensatz dazu haben viele Leute beim Zuhören nicht die Absicht zu verstehen.
Sie wollen sprechen, rasch antworten oder bereiten sich darauf vor zu sprechen.
Sie schauen in ihrem eigenen Kopf nach und glauben so, den anderen zu verstehen.

Zuhörbarrieren

Zuhörtechnik und innere Einstellung

Aktives Zuhören = Einstellung + Wissen + Fertigkeit

Um ein wirklich guter Zuhörer zu werden, müssen alle drei Bereiche entwickelt werden.

Aktives Zuhören= Handlungskompetenz

Einstellung = Soziale Kompetenz

- Zuhören ist mir wichtig.
- Ich will zuhören.

Wissen = Fachkompetenz

- Wie funktioniert Kommunikation?
- Wie funktioniert Zuhören?
- Wie bin ich selbst als Zuhörer?

Fertigkeit = Methodische Kompetenz

- Spielregeln anwenden können.
- Mit Emotionen umgehen können.

Ratschläge für einen schlechten Zuhörer

(Sehr frei nach Tucholskys Ratschlägen für einen schlechten Redner)

Wiedereinmal sitzt Du in einem Meeting und hast irgendwelche langweiligen Ausführungen zu ertragen. Das Thema ist trocken wie Wüstensand. Was soll´s, mach wenigstens einen intelligenten Eindruck und schreibe irgendwas auf das leere Blatt vor Dir.

Erkundige Dich ruhig mal, wie es Deinem Nachbarn so geht. Das ist wirklich eine nette Geste, und vielleicht hat der noch eine Neuigkeit auf Lager. Nebenher sei trotzdem wachsam, daß Dir der „Redner" keine Märchen erzählt oder gar noch Deinen Adrenalinspiegel zum Ansteigen bringt. Dann unterbrich ihn getrost. Schließlich sind Deine Gedanken hierzu sehr wichtig.

Es ist in der Tat zu viel verlangt, sich pausenlos zu konzentrieren, während ein anderer auf Dich einredet. Womöglich vergißt Du Deinen tollen Einfall noch! Warum strapaziert der auch Deine Geduld so arg? Du weißt doch sowieso schon nach kurzer Zeit, was er Dir alles sagen will. Es sind ja immer die gleichen Argumente. Schon hundertmal hast Du Dir diese Geschichten angehört. Du kennst sie alle auswendig, die alten und die neuen. Du kennst ihr Ende. Wozu also abwarten und wertvolle Zeit verschwenden? Nutze eine gute Chance, in den pausenlosen Wortschwall, den Du ertragen mußt, dazwischen zu kommen. Irgendwann muß der „Redner" auch mal Luft holen. Dann kommt Dein Augenblick! Das ist die Gelegenheit, das Wort an Dich zu reißen. Manch einer sucht sogar noch nach Worten, während er spricht.

Sein Pech! Er hätte sich ja auch schon vorher überlegen können, was er sagen will. Du kannst derweil ganz locker seinen Satz vollenden, schon bist Du an der Reihe. Doch es soll auch Leute geben, die das nicht im geringsten beeindruckt. Das sind solche, die ihre Gedanken einfach fortsetzen, so, als wärest Du

Luft! Eine so unhöfliche Geste brauchst Du auf gar keinem Fall auf Dir sitzen lassen. Nun heißt es für Dich, in die Offensive zu gehen. Er hat es selbst provoziert. Zeige getrost ganz offen Deine Ungeduld. Mache ein paar eindeutige Gesten, die ihm unmißverständlich zu verstehen geben, daß er den Mund halten soll, um Dir endlich einmal richtig zuzuhören.

Innere Einstellung

Stellen Sie sich einmal vor, Sie gehen wegen starker Bauchschmerzen zu Ihrem Hausarzt, und der sagt zu Ihnen: „Sie sehen ja selbst, wie voll mein Wartezimmer ist. Eine genaue Diagnose zu erstellen dauert viel zu lange. Kommen Sie am Mittwoch zum OP-Tag, da werde ich Ihnen einfach mal den Blinddarm herausnehmen. Das hat bei anderen Patienten auch schon Wunder bewirkt."

Des öfteren höre ich Argumente wie:

„Aktives Zuhören kostet viel zuviel Zeit. Gerade heutzutage müssen wir uns aus Zeitgründen in Gesprächen kurz fassen, auf das Wesentliche konzentrieren, und das ist nun mal die sachliche Aussage. Für Gefühle und emotional tiefschürfende Kommunikation habe ich keine Zeit."

Das ist richtig. Aktives Zuhören braucht seine Zeit.

Ein Mehrfaches an Zeit jedoch kostet es,

- Mißverständnisse zu klären,
- neue Lösungen für die tatsächlichen Probleme zu finden, während bereits viel Kraft, Zeit und Geld in die Lösung von Schein- oder Randproblemen investiert wurde und ungewollte Dinge längst ihren Lauf genommen haben.

›B‹ Ich erinnere mich an ein Gespräch mit einem Outplacement-Berater:

Er: „Ich habe Kontakt zu einer Firma, die Entlassungen durchführen muß. Für die Geschäftsleitung ist die Outplacement-Beratung der freigesetzten Mitarbeiter wichtig wegen der Stimmung im Unternehmen. Ihr gutes Image bleibt damit erhalten, und nicht zuletzt spart sie mittel- und langfristig sogar noch Geld ein. Ich habe mit dem Personalmanager darüber gesprochen. Er ist sich darüber auch im klaren, doch er tut nichts."

Ich: „Warum verkaufst Du ihm Deinen Nutzen nicht?"

Er: „Ich habe es schon versucht."

Ich: „Was verstehst Du unter Verkaufen? Hast Du erreicht, daß er seine Meinung ändert? Welches Ergebnis hatte Euer Gespräch?"

Er: „Überhaupt keines. Ich glaube, er hat mir gar nicht richtig zugehört."

Ich: „Dann verkaufe richtig. Denke und fühle genauso wie er. Aus seinem Bezugsrahmen heraus mußt Du ihm seinen persönlichen Nutzen aus der Outplacement-Beratung begreifbarer ausmalen, als er selbst es könnte."

Er: „Wie geht das?"

Ich: „Dazu wirst Du etwas lernen müssen. Du willst doch erreichen, daß Dein Kunde seine Haltung verändert?"

Er: „Stimmt genau."

Ich: „Sein Denken und Fühlen liegt nicht in Deinem Einflußbereich. Deine Art der Präsentation aber, die kannst Du verändern. Lerne, die Dinge mit den Augen Deines Kunden zu sehen, höre mit seinen Ohren, und fühle mit seinen Hoffnungen, Wünschen, Sorgen und Ängsten. Denn erst wenn Du Dich veränderst, wirst Du erleben, daß auch Dein Kunde sich ändert."

Sieben Wege zu einer positiven Zuhöreinstellung

1. Interessiertheit

Es gibt Menschen, die grundsätzlich unaufgeschlossen und uninteressiert sind. Sie haben mangelnde Selbstmotivation, und Ihnen fehlt der Drang zu lernen.

Der Amerikaner G.K. Chesterton formulierte das so: „Nicht die Themen oder Dinge sind uninteressant. Es gibt nur uninteressierte Menschen."

„Nun, Sprecher, hier bin ich. Mache mich interessiert, oder ich schalte ab und denke über etwas anderes nach. Wenn Du mal was Interessantes sagen solltes, höre ich schon wieder zu."

Gute Zuhörer hingegen sind grundsätzlich interessierte Menschen, die neugierig sind auf alles, was sie noch nicht wissen. Sie wollen durch Zuhören lernen, sie wollen durch Lernen wachsen.

Während schlechte Zuhörer die Einstellung haben: „Was mich nicht interessiert, ist generell unwichtig", denken gute Zuhörer: „Wenn das Thema für mich nicht interessant ist, dann kann es doch für den anderen wichtig sein. Und damit ist es grundsätzlich wichtig."

Das soll nicht heißen, daß gute Zuhörer sich für alles interessieren müssen.

Wenn mir jemand erklärt, wie Holz zu einem Lagerfeuer gestapelt wird, dann ist das Thema grundsätzlich wichtig, auch wenn es mir vielleicht nicht interessant erscheint, weil ich denke, nie ein Feuer zu machen.

Aber man soll nie nie sagen. Und darum lohnt es sich, bei jedem Thema zu fragen: „Was kann ich für jetzt oder später Nützliches aus dem Inhalt herausholen?"

Gute Zuhörer wissen, daß jeder Redner immer Ideen offenbart.

2. Verantwortung

„Wenn der Sprecher anregender und begeisternder wäre, würde ich ihm auch zuhören."

Tatsächlich sollte die Verantwortung für eine Botschaft beim Sender liegen.

Daraus läßt sich jedoch nicht ableiten, daß Sie als Zuhörer abschalten können, wenn der Sprecher nicht gerade motivierend ist.

So wie beim Handball das Zusammenspiel erst dann funktioniert, wenn Werfer und Fänger des Balls, also beide Spieler, richtig aufeinander abgestimmt sind, so sollte ein guter Zuhörer bereit sein, wenigstens 51 Prozent der Verantwortung für eine erfolgreiche Kommunikation zu übernehmen. Wenn also der Sprecher nicht besonders motivierend auf Sie wirkt, dann sollten Sie sich als Zuhörer motivieren. Außer dem generellen Interesse am Thema gibt es noch andere Motivatoren, zuzuhören:

- Sie wollen dem anderen eine Freude machen,
- die Freundschaft zu ihm ist Ihnen wichtig,
- berufliches Vorankommen ist möglich,
- Sie wollen mehr Geld verdienen,
- Sie brauchen gute Referenzen.

Damit wird das Zuhören zu einer harten Arbeit. Es kostet viel Energie, unermüdlich aufmerksam zu sein und sich zu bemühen, die Gedanken des Gesprächspartners zu erfassen.

3. Orientierung

Eine schlechte Zuhörereigenschaft ist die Zentrierung auf sich selbst.

Es gibt Menschen, die nicht wirklich zuhören wollen. Ihr Geltungsbedürfnis möchte sie lieber über sich selbst reden lassen, über ihre Meinung, ihre Gefühle, ihre Bedürfnisse. Ihre beliebtesten Wort sind: „Ich", „mir", „mein", „meiner".

Die Stimme, die sie am liebsten hören, ist ihre eigene.

Hören Sie einmal als Unbeteiligter in andere Gespräche hinein.

Sie werden feststellen, daß oft gar nicht die Absicht besteht, einander zuzuhören. Statt dessen benutzt man einander, um die eigene Gedankenwelt zu öffnen. Jeder ist nur darauf konzentriert, die eigene Geschichte zu erzählen. Und wenn der andere eine tolle Geschichte hat, dann fällt dem einen etwas ein, was noch lustiger, schlimmer oder bedeutender ist. So verhalten sich auf sich selbst orientierte Menschen.

Auf den anderen orientierte Zuhörer erzählen auch von sich selbst. Doch sie stellen dem anderen dazu Fragen, zumeist offene Fragen.

Sollten Sie für sich feststellen, daß Sie in Gesprächen mehr als die Hälfte der Zeit reden, dann beginnen Sie ab sofort, sich zurückzunehmen, sich auf den anderen zu fokussieren und ihm Fragen zu stellen.

4. Geduld

Ungeduldige Zuhörer senden sowohl verbale als auch nonverbale Signale wie:

„Kommen Sie zum Wesentlichen."
„Gut. Ich weiß schon, was Sie sagen wollen."
„Wecken Sie mich, wenn Sie fertig sind."
„Wie spät ist es?"

oder sie

- seufzen laut und deutlich,
- schauen auf die Uhr,
- ziehen ihre Jacke an,
- legen ihre Hand auf die Türklinke,
- öffnen die Tür,
- notieren sich etwas anderes,
- spielen mit dem Stift,
- klopfen mit ihren Fingern,
- wippen mit dem Fuß,
- drehen sich zur Tür oder
- ändern sehr häufig ihre Körperhaltung.

Ein Grund, warum Zuhörer ungeduldig werden, ist der, daß sie nicht genau verstehen, was der andere meint, und sich kein genaues Bild machen können.

Diesen Effekt kennt wohl jeder noch aus seiner Schulzeit:
In den Stunden, in denen wir nicht verstanden hatten, was uns der Lehrer erzählte, empfanden wir sein Gerede stupide, wurden wir ungeduldig und dachten: „Hoffentlich ist diese Stunde bald zu Ende."

Geduldige Zuhörer sind sorgfältige Zuhörer. Sie nehmen sich die Zeit. Haben sie keine genaue Vorstellung von dem, was sie hören, dann fragen sie nach, bis sie ein klares Bild haben. Haben sie im Moment keine Zeit zuzuhören, dann vereinbaren sie dafür einen Termin.

5. Offenheit

Festgefahrene Menschen sind Dogmatiker, voller Vorurteile und darum nur schlechte Zuhörer. Dabei haben sie nicht etwa eine Überzeugung, weil sie dafür Gründe haben, sondern (er)finden häufig Gründe, damit ihre Überzeugung bestätigt wird. Haben sie einen Gesprächspartner, der der gleichen Meinung ist wie sie, dann halten sie ihn für klug. Beide bestätigen sich gegenseitig in dem, was sie sowieso wissen, was eben richtig und wahr ist. Dabei übernehmen sie bereitwillig Vorurteile, die ihre Meinung bestätigen. Ein Gesprächspartner mit einer anderen Meinung ist ihnen unsympathisch. Unwiderlegbare Argumente sind „Spitzfindigkeiten", bei denen sie entweder abschalten oder in Gedanken planen, wie sie ihre eigene Position verteidigen oder ausbauen können. Schließlich haben ihre eigenen unwiderlegbaren Argumente eine „zwingende Logik".

Es gibt Menschen, die wissen immer alles. Sie haben vorgefaßte Meinungen, wissen genau, wie alles richtig sein sollte und wie alles kommen wird. Sie haben auf alles eine Antwort, und sie brauchen keine zusätzlichen Informationen, weil ihre Gedanken als unumstößliche Wahrheiten absolut feststehen.

Je mehr Informationen Sie haben, je mehr Gesichtspunkte Sie angehört haben, um so bessere Entscheidungen können Sie treffen.

Festgefahrene Menschen meinen von einem Andersdenkenden: „Der ist ja blöde, so zu denken."

Gute Zuhörer sind offen für fremde Gedanken, Ansichten, Meinungen, Kulturen und Wertvorstellungen.

Offene Menschen hingegen denken in der gleichen Situation: „Wir stimmen mit unserer Meinung nicht überein." Dann fragen sie den anderen, wie er zu seiner Ansicht gekommen ist, und erfahren so, was an dieser Meinung dran ist.

6. Gleiche Ebene

Es gibt Zuhörer mit der Einstellung, daß sie ihrem Gesprächspartner überlegen sind, zum Beispiel in ihrer Position, an Reichtum, Talent, Intelligenz, Kraft, körperlicher Schönheit, kurz: Sie sind „besser" als der andere.

Diese Einstellung vermitteln sie ihrem Gesprächspartner nonverbal und manchmal auch verbal.

Als Zuhörer dem Gesprächspartner auf gleicher Ebene zu begegnen heißt nicht Gleichmacherei bezüglich der Position, des Wissensstandes oder der menschlichen Reife.

Allerdings messen gute Zuhörer diesen Unterschieden weniger Bedeutung bei. Statt dessen glauben sie, daß alle Menschen das gleiche Recht haben, offen und frei miteinander zu kommunizieren.

Nach dem Prinzip „Ich bin o.k., und du bist auch o.k." begegnen sich gute Zuhörer gleichwertig. Und sie gehen sogar noch einen Schritt weiter: Sie betrachten jeden Menschen, sich selbst eingeschlossen, als göttliche Schöpfung. So treten sie dem anderen als „Gott unter Göttern" entgegen. Das heißt: Wenn der andere sich minderwertig fühlt, dann geben sie ihm das Gefühl, wertvoll zu sein, genauso wertvoll, wie sie selbst es sind.

7. Akzeptanz

Manche Zuhörer versuchen ihre Gesprächspartner zu ändern, wenn diese nicht ihren Erwartungen entsprechen. Sie versuchen, ihre Gesprächspartner in ihren eigenen Vorstellungs- und Werterahmen zu pressen. Typische Äußerungen sind dann:

Einige Zuhörer beurteilen die Gefühle und das Verhalten ihres Gesprächspartners aus ihrem eigenen Bezugsrahmen heraus.

„Sie setzen sich falsche Prioritäten."
„Das müssen Sie anders sehen."
„Das ist doch alles graue Theorie."
„Sie wollen doch nicht im Ernst behaupten, daß ..."

Durch solche Äußerungen wird der Sprecher entweder verschlossener und immer weniger bereit, seine Gedanken zu äußern, oder er geht zum Angriff über und verteidigt seinen Standpunkt.

Ein guter Zuhörer akzeptiert den Sprecher als Mensch so, wie er ist, und nimmt ihn einfach an mit seinen Prioritäten, seinen Werten und seinem Potential.

Das bedeutet nicht, daß er ihm zustimmen muß. Er äußert sich etwa so: „Ich kann Ihre Meinung verstehen. Lassen Sie uns noch ein paar zusätzliche Gesichtspunkte mit einbeziehen."

>Ü< Schätzen Sie sich selbst ein (1)

Denken Sie an einen Menschen, dem Sie **gern** zuhören. Wie würden Sie ihm gegenüber Ihre Zuhöreinstellung bezeichnen?

Fühlen Sie eher:

1

100%	80	60	40	20	0	20	40	60	80	100%
Desinteresse										Interesse

2

100%	80	60	40	20	0	20	40	60	80	100%
daß Sie nicht verantwortlich sind für eine optimale Kommunikation										Verantwortung für eine gute Kommunikation

3

100%	80	60	40	20	0	20	40	60	80	100%
Orientierung auf das, was Sie selbst beschäftigt										Orientierung auf das, was den anderen beschäftigt

4

100%	80	60	40	20	0	20	40	60	80	100%
Ungeduld										Geduld

5

100%	80	60	40	20	0	20	40	60	80	100%
einen festen Standpunkt										Offenheit

6

100%	80	60	40	20	0	20	40	60	80	100%
daß Sie überlegen sind										daß Sie sich auf gleicher Ebene begegnen

7

100%	80	60	40	20	0	20	40	60	80	100%
Ablehnung										Akzeptanz

Schätzen Sie sich selbst ein (2)

Denken Sie an einen Menschen, dem Sie **ungern** zuhören. Wie würden Sie ihm gegenüber Ihre Zuhöreinstellung bezeichnen?

Fühlen Sie eher:

1

100% 80 60 40 20 | 0 | 20 40 60 80 100%

Desinteresse — 0 — Interesse

2

100% 80 60 40 20 | 0 | 20 40 60 80 100%

daß Sie nicht verantwortlich sind für eine optimale Kommunikation — 0 — Verantwortung für eine gute Kommunikation

3

100% 80 60 40 20 | 0 | 20 40 60 80 100%

Orientierung auf das, was Sie selbst beschäftigt — 0 — Orientierung auf das, was den anderen beschäftigt

4

100% 80 60 40 20 | 0 | 20 40 60 80 100%

Ungeduld — 0 — Geduld

5

100% 80 60 40 20 | 0 | 20 40 60 80 100%

einen festen Standpunkt — 0 — Offenheit

6

100% 80 60 40 20 | 0 | 20 40 60 80 100%

daß Sie überlegen sind — 0 — daß Sie sich auf gleicher Ebene begegnen

7

100% 80 60 40 20 | 0 | 20 40 60 80 100%

Ablehnung — 0 — Akzeptanz

Der durchschnittliche Zuhörer ist mit einer schmalhalsigen Flasche vergleichbar, über die ein Sprecher einen Eimer Wasser schüttet.

Zuhörtechnik und innere Einstellung

7 TIPS

ein noch besserer Zuhörer zu werden

„...Gott gab uns nur EINEN MUND,
Weil zwei Mäuler ungesund.
Mit dem einen Maule schon
Schwätzt zu viel der Erdensohn.
Wenn er doppelmäulig wär,
Fräß und lög er noch viel mehr.
Hat er jetzt das Maul voll Brei,
Muß er schweigen unterdessen.
Hätt er aber Mäuler zwei,
Löge er sogar beim Fressen.

Mit ZWEI OHREN hat versehn
Uns der Herr. Vorzüglich schön
Ist dabei die Symmetrie.
Sind nicht ganz so lang wie die,
So er unsren grauen braven
Kameraden anerschaffen.
Ohren gab uns Gott die beiden,
Um von Mozart, Gluck und Haydn
Meisterstücke anzuhören.
Gäb es nur Tonkunst-Kolik
Und Hämorrhoidal-Musik
Von dem großen Meyerbeer,
Schon ein Ohr hinlänglich wär! ..."

HEINRICH HEINE
aus: „Zur Teleologie"

TIP 1

Notizen machen

Gute Zuhörer wissen, daß das menschliche Gedächtnis ungenau und unvollkommen ist.

Notizen helfen, dem Sprecher besser zu folgen, seine Gedanken zu erkennen und wichtige Informationen herauszufinden.

Solche Notizen müssen nicht besonders ordentlich sein. Sie sind nur für den bestimmt, der sie geschrieben hat. Das richtige Maß ist entscheidend. Zu viele Notizen lenken ab und sind eher ein Hindernis beim Zuhören. Darum empfiehlt sich die assoziative Methode des Mind Maps, die den Denkstrukturen des Gehirns näherkommt als die lineare Notizmethode.

Als Beispiel ist der Überblick über die 7 Tips, ein noch besserer Zuhörer zu werden, als Mind Map gestaltet (siehe Seite 140). Ein möglicherweise eher verwirrender Eindruck verschwindet spätestens, wenn Sie Ihr erstes eigenes Mind Map gestalten.

Was können Sie tun?

Regeln für das Anfertigen eines Mind Maps:

- Jeweils möglichst nur ein Wort (Substantiv oder aktives Verb) verwenden.
- Druckschrift ist übersichtlicher als Schreibschrift.
- Einfache Bilder (Symbole) malen.
- Eventuell farbig gestalten.
- Einen Gedanken an den anderen hängen, wie die Äste eines Baumes.
- Durch Pfeile können Beziehungen zwischen den Verästelungen hergestellt werden.

TIP 2

Konzentrieren

Was hindert Sie, sich in Gesprächen zu konzentrieren? Machen Sie eine Bestandsaufnahme.

Ü

	ist ein Problem für mich **fast nie**	**selten**	**oft**	**immer**
1. Ich bin sehr in Eile.	0	1	2	3
2. Ich interessiere mich für alles, was sonst noch um mich vorgeht.	0	1	2	3
3. Ich bin mit mir selbst beschäftigt.	0	1	2	3
4. Ich denke darüber nach, was ich gleich sagen werde.	0	1	2	3
5. Ich bin gelangweilt.	0	1	2	3
6. Ich weiß schon, was der Redner gleich sagen wird.	0	1	2	3
7. Manches muß ich mehrmals hören.	0	1	2	3
8. Ich habe zu viele Dinge gleichzeitig im Kopf.	0	1	2	3
9. Ich fühle mich für die Information nicht verantwortlich.	0	1	2	3
11. Ich habe „Tagträume".	0	1	2	3

Ihre Gesamtpunktzahl: ☐

<u>Auflösung</u>:

0 bis 3 Punkte:
Sie haben eine hervorragende Konzentrationsfähigkeit.

5 bis 12 Punkte:
Wenn Sie bewußt daran denken, können Sie Ihre Konzentrationsfähigkeit verbessern.

13 bis 30 Punkte:
Sie brauchen ein Trainingsprogramm, um Ihre Konzentrationsfähigkeit zu verbessern.

Was können Sie tun?

Konzentration ist gebündelte geistige Energie, die jeder Mensch nur in begrenztem Umfang zur Verfügung hat. Darum sollten Sie damit mindestens so sorgsam umgehen wie mit Ihrem Sparguthaben. Finden Sie Wege, Ihre Konzentration zu vergrößern, indem Sie sie zielgerichtet einsetzen. Dann haben Sie im entscheidenden Moment mehr gebündelte geistige Energie zur Verfügung als die meisten Menschen.

TIP 3

Ablenkungen in den Griff bekommen

Entwickeln Sie eine Strategie, wie Sie die vielen inneren und äußeren Ablenkungsteufel unter Kontrolle bringen. Die Ablenkungsteufel haben eine gute Strategie: Sie

- verschaffen uns Abwechslung,
- stillen unsere Neugier,
- drängen sich uns auf und
- sind beharrlich und intensiv.

Entweder Sie haben die Ablenkungsteufel unter Kontrolle, oder die Ablenkungsteufel kontrollieren Sie.

Ergebnis:

Der rote Faden reißt ab

äußere Ablenkungen

- das Telefon klingelt
- Geräusche
- ungewöhnliche Worte
- ungewohnte Sitzgelegenheiten
- zu helles oder zu dunkles Licht
- Unterbrechungen
- der nächste Termin drückt

innere Ablenkungen

- Kopfschmerzen
- Hunger
- Müdigkeit
- augenblicklicher emotionaler Zustand
- Sorgen
- Ärger
- Kritik
- Aggressionen

Was können Sie tun?

- Schaffen Sie für Ihre Gespräche eine ruhige und ungestörte Atmosphäre.

- Stellen Sie die Ursachen für die Störungen ab:

  Stimmt das Licht nicht? → Verändern Sie es!

  Haben Sie Hunger? → Essen Sie etwas!

  Stört Sie regelmäßig das Telefon? → Überlegen Sie sich eine Strategie, erreichbar und trotzdem ungestört zu sein!

- Lassen Sie sich von keinem Ablenkungsteufel verführen, was er Ihnen auch verspricht. Wenn Sie so ein Ablenkungsteufelchen lockt, dann sagen Sie bewußt nein zu ihm. Übergehen Sie die Ablenkung, konzentrieren Sie sich noch mehr. Stärken Sie Ihre Selbstdisziplin. Richten Sie Ihre Aufmerksamkeit noch mehr auf Ihren Gesprächspartner.

- Legen Sie bewußte Konzentrationspausen ein, wenn Sie erschöpft sind oder die Ablenkungen zu groß sind.

Nur:

Entscheiden Sie sich bewußt, ob Sie sich konzentrieren oder ablenken lassen wollen!

TIP 4

Gegenwartsklarheit statt Tagträumen

Richtig leistungsfähig sind wir erst, wenn wir uns im Bewußtseinszustand der hellwachen Gegenwartsklarheit befinden, also vollkommen im HIER und JETZT sind.

Tagträumen oder gar Grübeln über längst Vergangenes oder auch Zukünftiges macht müde, schwächt die Wirkung der eigenen Persönlichkeit und läßt uns den Augenblick oft nur unvollkommen wahrnehmen. Es hindert uns, unsere Aufmerksamkeit ganz auf das zu lenken, was der Gesprächspartner gerade sagt. Anstatt darüber nachzudenken, was wir jetzt gleich erwidern werden, lohnt es sich, dem anderen bis zum Ende zuzuhören.

Selbst wenn der andere anfängt, sich zu wiederholen, dann heißt das nur,

- daß er mit seinen bisherigen Formulierungen unzufrieden war,
- daß er sich noch nicht klar genug ausdrücken konnte,
- daß er nach Formulierungen sucht, die Ihnen seine Welt klarer beschreiben sollen.

Was können Sie tun?

Vertrauen Sie darauf, daß Ihnen die bessere Antwort einfällt, je klarer Sie das Bild des Gesprächspartners haben.

Sie werden oftmals feststellen, daß er die interessantesten Argumente erst zum Schluß bringt.

TIP 5

Erwarten Sie das Beste

Wir bekommen immer das, was wir erwarten, oder:

Jeder macht seine Erwartungen wahr.

Wir sprechen von der sich selbsterfüllenden Prophezeiung.

Es war zur Zeit, als die Siedler in Amerika westwärts zogen. Ein Wagen hielt an einer Siedlung. Einer der Fremden fragte einen alten Mann, der am Ortseingang unter einem Baum saß: „Sag, Alter, was für Menschen haben sich hier niedergelassen?"

„Was für Leute leben dort, wo Ihr herkommt?" wollte der alte Mann wissen.

„Nun, die waren dumm und voller Bosheit. Darum sind wir von dort weg."

„Es tut mir leid, es Euch sagen zu müssen, doch genau solche Menschen werdet Ihr auch hier finden", war die Antwort des alten Mannes.

Einige Tage später kam ein anderer Wagen vorbei. Wieder stoppte er, und der alte Mann wurde auch von diesen Fremden gefragt:

„Sag, Alter, was für Menschen haben sich hier niedergelassen?"

„Was für Leute leben dort, wo Ihr herkommt?" entgegnete wieder der Alte.

„Die Menschen, die wir verlassen haben, waren nett und großherzig. Wir vermissen sie sehr."

„Nun, mein Freund, Ihr seid am richtigen Ort angekommen, denn genau diese Art von Menschen werdet Ihr hier auch finden", antwortete der alte Mann mit einem Lächeln.

Was können Sie tun?

Alle Menschen haben ein tiefes Bedürfnis, gehört und verstanden zu werden.

Wenn wir also dem Gesprächspartner das Gefühl vermitteln können, daß wir ihn ernst nehmen und nur Gutes von ihm erwarten, helfen wir ihm, besser zu werden.

Seine Aussagen werden immer zusammenhängender und durchdachter.

Er gibt sein Bestes, wenn er weiß, daß ihm jemand wirklich zuhört.

TIP 6

Nicht angegriffen fühlen

Unser emotionaler Pegel steigt durch Äußerungen unseres Gesprächspartners wie:

- „Da haben Sie nicht richtig zugehört."
- „Das war schön dumm von Ihnen."
- „Sie verstehen mich falsch."
- „Sie müssen doch zugeben, daß ..."
- „Ich sagte Ihnen doch, daß es so kommen würde."
- „Sie irren sich, wenn Sie glauben, daß ..."
- „Na hören Sie mal, das ist doch Unsinn."
- „Ich kann gar nicht glauben, daß Sie das sagen."
- „Sie sind verrückt, wenn Sie ..."
- „Sie wissen doch ganz genau, was Ihr Problem ist."

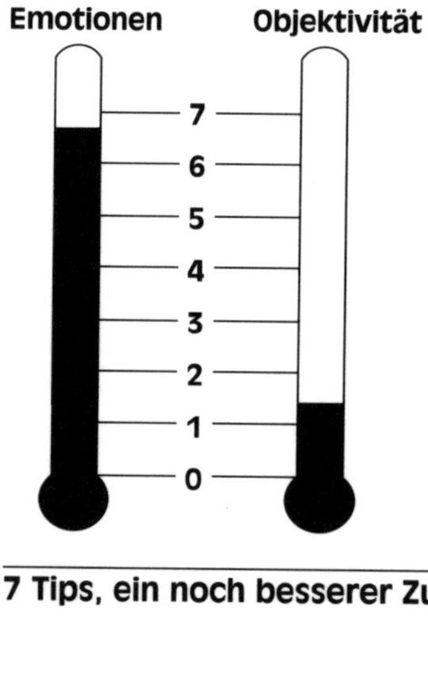

Mit steigendem emotionalen Pegel

- sinkt Ihre Objektivität
- entstehen Zuhör-Barrieren
- nehmen Sie verzerrt wahr
- kommt es vermehrt zu Mißverständnissen

Was können Sie tun?

Fühlen Sie sich von derartigen Botschaften nicht angegriffen, denken Sie an die Selbstoffenbarung, die dahintersteckt. Schließlich redet Ihr Gesprächspartner dann nur von seinen Problemen – selbst wenn er auf Sie schimpft. Er sieht das Problem zwar außen (in Ihnen), meint aber sich selbst.

- Haben Sie Verständnis für die momentanen Gefühle des anderen, und respektieren Sie sie.
- Versuchen Sie, durch objektive, möglichst offene Fragen eine Klärung zu erreichen.
- Statt nachtragend zu sein, seien Sie dankbar, daß der andere sich Ihnen mitteilt.
- Geben Sie Ihrem Gegenüber die Gelegenheit, sein Gesicht zu wahren.

Damit der andere Ihnen ebenfalls streßfrei zuhören kann, vermeiden auch Sie Stachelformulierungen.

Statt:	Sagen Sie besser:
„Da haben Sie nicht richtig zugehört."	Ich habe mich nicht richtig verständlich gemacht.
„Das war schön dumm von Ihnen."	
„Sie verstehen mich falsch."	
„Sie müssen doch zugeben, daß ..."	
„Ich sagte Ihnen doch, daß es so kommen würde."	
„Sie irren sich, wenn Sie glauben, daß ..."	
„Na hören Sie mal, das ist doch Unsinn."	
„Ich kann gar nicht glauben, daß Sie das sagen."	
„Sie wissen doch ganz genau, was Ihr Problem ist."	

TIP 7

Äußere Angleichung führt zu innerer Annäherung

B Vor einem Vortrag, den ich zum ersten Mal halten sollte, machte ich mich im Hotel mit dem Konferenzraum und seiner Technik vertraut. Ich empfand den Raum ziemlich überheizt, zumindest schien die Klimaanlage nicht in Betrieb zu sein.

Eine halbe Stunde vor dem Beginn irrte ich verzweifelt durch das Hotel, um das dafür zuständige Personal aufzutreiben. Schließlich fand ich jemanden, der gemächlich einen Gang entlangschlenderte. Mit hastigen Worten und großer Dringlichkeit in der Stimme beschrieb ich ihm mein Problem.

Er antwortete mit dem Tempo einer Schnecke, die Valium genommen hatte. Zwischen jedem seiner Worte hätte ich bis zehn zählen können: „Ich – kann – Ihnen – nicht – helfen,– ich– – habe – keinen – Schlüssel."
Wie kann ein Mensch soviel Zeit haben! Ich wünschte, ich könnte zaubern, dabei können wir es längst alle. Die Technik des Angleichens ist es, die mir zur rechten Zeit als „Zauber" in den Sinn kam. Im Schneckentempo und mit ruhiger Stimme bat ich ihn zu überlegen, ob er wüßte, wer den mysteriösen Schlüssel zur Klimaanlage haben könnte. Damit paßte ich also mein Sprechtempo dem seinen an. Das Gesicht des Mannes hellte sich auf, er begann, nach einer Lösung zu suchen und erinnerte sich plötzlich, wer den Schlüssel hatte. 15 Minuten später kam er freudestrahlend in den Konferenzraum, um mir mitzuteilen, daß die Klimaanlage nun eingeschaltet sei.

Ich ließ ihn meine Freude darüber spüren und bedankte mich bedächtig.

Was können Sie tun?

Als Zuhörer können Sie sich Ihrem Gesprächspartner auf verschiedene Weise anpassen:

1. Machen Sie sein Sprechtempo und seine Lautstärke zu der Ihren.
2. Benutzen Sie seine Worte und Redewendungen.
3. Passen Sie Ihren Atemrhythmus an. Doch Achtung! Wenn Ihr Gesprächspartner kurzatmig ist, so sollten Sie nicht anfangen zu hecheln.
4. Nähern Sie Ihren Gesichtsausdruck und die Körperhaltung an.

Diese äußere Annäherung führt auch zu einer inneren, gefühlsmäßigen Annäherung.

Der Sinn dieser Annäherung ist nicht unbedingt die Manipulation des Gesprächspartners. Vielmehr lenken Sie damit vor allem Ihre Aufmerksamkeit weg von sich selbst, hin zu dem anderen.

Überblick

Mind Map

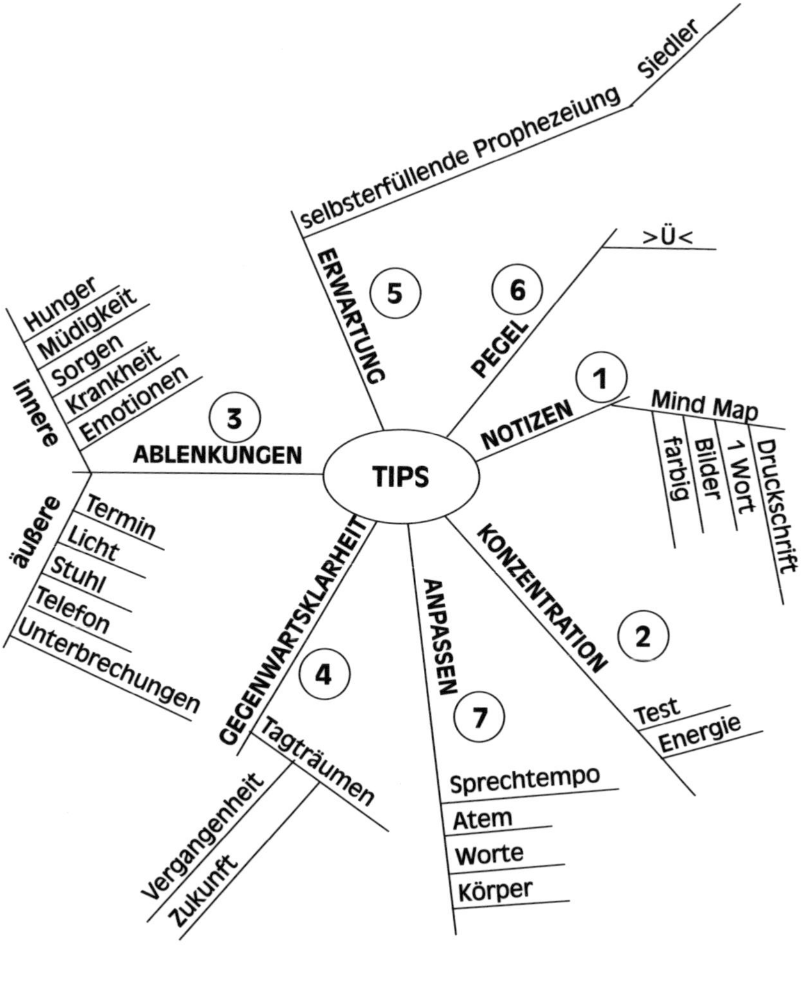

Der Erfolg der kleinen Schritte

Verhaltensänderungen sind ganz einfach. Sie können sie einfach jetzt an sich geschehen lassen:

Wenn Sie sich das Rauchen abgewöhnen wollen,
dann rauchen Sie einfach nicht mehr!
Wenn Sie mehr Kundengespräche führen wollen,
dann besuchen Sie einfach mehr Kunden!

Was immer Sie in Ihrem Leben glauben, verändern zu müssen, tun Sie es!

Wenn Sie allerdings glauben, daß Verhaltensänderungen harte Arbeit am eigenen Charakter sind, dann arbeiten Sie eben ab jetzt hart an sich!

Folgende Vorgehensweise mag Ihnen dabei behilflich sein:

1

Ertappen Sie sich selbst. Schlechte Zuhör-Angewohnheiten an sich selbst überhaupt zu bemerken, ist die Voraussetzung dafür, sie beheben zu können.

Ermitteln Sie in den nächsten Tagen Ihre Zuhörgewohnheiten.

Ü

Meine Zuhörgewohnheiten sind:
1. ______________________
2. ______________________
3. ______________________
... ______________________

Folgende Gewohnheiten lege ich ab:
1. ______________________
2. ______________________
3. ______________________
... ______________________

2

Registrieren Sie auch kleinste Veränderungen. Klopfen Sie sich selbst auf die Schulter, wenn Sie Verbesserungen verspüren. Verschaffen Sie sich und Ihrem Unterbewußtsein eine Belohnung dafür. Sie haben sie verdient!

3

Legen Sie eine Liste an (z.B. in der Databank Ihres Zeitplanbuches) zur Erfolgskontrolle selbst kleinster Vorhaben wie:

- auch in scheinbar langweiligen Sitzungen aufmerksam sein,
- langweiligen Rednern bis zum Ende zuhören,
- bei einer für Ihr Verständnis „falschen" Meinung nicht widersprechen,
- das positive Feedback der anderen auf die neuen, besseren Verhaltensweisen wahrnehmen.

4

Wenn Sie Rückschläge bemerken, verharren Sie nicht in ihnen. Bedenken Sie: Der einzig wahre Mißerfolg ist der Mißerfolg beim Lernen aus Fehlern.

5

Bleiben Sie bei Ihrem Vorsatz, Ihre Zuhörfähigkeiten zu verbessern. Ansonsten werden Sie leicht in Ihre alten, schlechten Gewohnheiten zurückfallen.

„Säe einen Gedanken
und Du wirst eine Tat ernten.
Säe eine Tat
und Du wirst eine Gewohnheit ernten.
Säe eine Gewohnheit
und Du wirst einen Charakter ernten.
Säe einen Charakter
und Du erfüllst Deine Bestimmung."
(ANON)

Literaturhinweise

Bay, Rolf H.	Erfolgreiche Gespräche durch aktives Zuhören	Renningen: expert (1988)
Birkenbihl, Vera F	Kommunikation für Könner	München: mvg (1988)
Covey, Stephen R.	Die sieben Wege zur Effektivität	Frankfurt: Campus (1992)
Gordon, Thomas	Familienkonferenz	Hamburg: Hoffmann & Campe (1972)
Gordon, Thomas	Managerkonferenz	Hamburg: Hoffmann & Campe (1979)
Holzheu, Harry	Aktiv zuhören - besser verkaufen	Landsberg: moderne industrie (1985)
Holzheu, Harry	Souverän verhandeln	New York: McGraw-Hill (1986)
Holzheu, Harry	Natürliches Verkaufen	Düsseldorf: Econ (1993)
Kartmann, Siegfried W.	Wie wir fragen und zuhören könnten	Würzburg: Max Schimmel (1993)
Lucas, Manfred	Hören, Hinhören, Zuhören	Bremen: GABAL (1995)
Murphy, Kelvin J.	Besser Zuhören, mehr Erfolg	Freiburg: Haufe (1987)
Roger, Carl R.	Die klientenzentrierte Gesprächspsychotherapie	München: Kindler (1972)
Roger, Carl R.	Die nicht-direktive Beratung	München: Kindler (1972)
Schulz von Thun	Miteinander reden 1, Allgemeine Psychologie der Kommunikation	Reinbeck: Rowohlt (1981)
Steil, Summerfield	Aktives Zuhören	Heidelberg: Sauer (1986)
Weber, Wilfried	Wege zum helfenden Gespräch	München: E. Reinhardt (1991)
Zimmermann, Heinz	Sprechen, Zuhören, Verstehen	Stuttgart: Freies Geistesleben (1992)

Die Autoren

Martina Junge,
Jahrgang 1957,

studierte Agrarwissenschaften, ermittelte in der Zentralstelle für Statistik Wirtschaftsdaten und schrieb darüber Zeitungsartikel.

Heute ist sie Mitinhaberin des JUNGE KOMMUNIKATIONSTRAINING.

Wolfgang H.C. Junge,
Jahrgang 1953,

hat sein Motto, „daß ich erkenne, was die Welt im Innersten zusammenhält", als diplomierter Physiker zunächst auf der Sachebene bearbeitet.

In den Jahren 1980 bis 1990 fand er sein Thema als Kabarettist im Verhalten seiner Mitmenschen wieder.

Mit Trainings für soziale Kompetenz stellt sich das JUNGE KOMMUNIKATIONSTRAINING auf die konkreten Firmenbedürfnisse ein, um in langfristigen Bindungen Veränderungsprozesse zu begleiten. Neben Coaching für Telefonakquisition hat sich das JUNGE KOMMUNIKATIONSTRAINING vor allem auf Trainings zu exzellentem Kundenservice und auf Zuhörtrainings spezialisiert.

Anschrift: MARKTSTRASSE 28
D-99084 ERFURT
TEL./FAX 0361-5667178